KB251398

# 김구

만들어진 신화

바로 잡는
한국 현대사

조 남현 지음

# 김구

## 만들어진 신화

미래__H

# 서문

　대한민국은 오랜 기간 좌우가 역사 전쟁을 치러왔다. 좌파 세력은 대한민국의 정통성을 인정하지 않는다. 통일 조국을 기원하는 민심을 배반하고 남한만의 단독정부를 수립해 탄생한 게 대한민국이니 정통성을 인정할 수 없다는 것이다. 대한민국의 정통성을 부인한다는 것은 북한, 즉 조선민주주의인민공화국에 정통성이 있다는 주장과 맥락을 같이한다. 하지만 이러한 역사 인식은 중대한 오류 또는 악의적 왜곡에서 비롯된 것이다. 단독정부를 먼저 수립한 쪽은 북한이기 때문이다.

　일반 대중은 1948년 8월 15일 대한민국 정부가 수립되었고, 이후 9월 9일 북한 정권이 세워졌다고 알고 있다. 하지만 9월 9일 '북조선임시인민위원회'에서 '조선민주주의인민공화국'으로 간판을 바꿔 달았을 뿐, 북한 정권은 해방 직후부터 이미 가동되고 있었다.

　해방 후 북한 지역에서는 조만식의 주도로 평안남도 건국준비위원회가 설립되었다. 조만식은 북한 지역에서 최고의 명망가였다. 북한 지역에서 조만식을 넘어설 인물은 없었다. 그런데

1945년 8월 24일 소련군이 평양을 점령하면서 사정이 달라졌다. 소련군은 평안남도 건국준비위원회를 해체해 평남 인민정치위원회로 개편하면서 북한 지역에서 자생적으로 나타난 자치기구의 구성을 공산주의자 5, 비공산주의자 5의 비율로 만들었다. 이는 공평한 구성이 아니다. 비공산주의자 비율이 압도적으로 높은 가운데 공산주의자의 비율을 높임으로써 민족주의 진영을 약화하기 위한 것이었다. 이때만 해도 소련군은 아직 정권 수립 계획을 갖고 있지 않았다.

그러다가 1945년 9월 20일 소련군 최고사령관 스탈린의 비밀 지령이 바실렙스키 극동 최고사령관 및 연해주 군관구 군사평의회 제25군 군사평의회에 떨어졌다. 이 비밀 지령은 북한 지역에 부르주아 민주주의 정권을 수립하라는 것과 북한의 민간 행정지휘를 연해주 군관구 군사평의회가 수행할 것 등을 주요 사항으로 하고 있다. 북한 점령 직후부터 북한에서 단독정부 수립이 추진된 것이다. 여기서 부르주아 민주주의 정권이란 공산 정권 수립의 전 단계로, 소련은 공산주의 체제 구축을 추진한 것이다.

소련군은 1946년 2월 8일 김일성을 위원장으로 하는 '북조선 임시인민위원회'를 출범시킨다. 이는 북한 지역의 최고 행정·입법 권력 기구로서 비록 소련군의 지휘를 받지만 사실상 북한의 정부였다. 이어 1946년 '무상몰수·무상분배'의 토지개혁이 이루어졌다. 그런데 토지 몰수는 무상이었으나 분배는 토지 경작권만 주었을 뿐 소유권은 국가에 있었다. 주요 산업도 국유화되었다.

 김구, 만들어진 신화

이러한 조치는 공산주의 체제로의 전환을 의미하는 것이어서 단순한 단독정부 수립의 의미를 넘어서는 것이고, 이는 필연적으로 남북분단을 초래하는 것이었다. 한반도 전체가 공산화된다면 모르지만 그게 아니라면 분단은 피할 수 없게 되었다.

사정이 이러한데도 좌파 수정주의 역사관은 분단의 책임이 미국과 이승만에 있는 것처럼 주장해왔다. 그 배경에는 김구가 있다. 좌파 수정주의자들은 김구가 단독정부 수립을 위한 것이라며 5·10 총선을 거부한 데서 대한민국 정통성의 부재를 찾는다. 다음이 한 예다.

> "유엔의 결정에 따라 전 한반도에서 선거를 실시·감독하기 위해 유엔 임시위원단이 1948년 입국하였으나 이 선거에 참여하기로 한 세력은 오직 이승만·한민당 그리고 친일파·민족반역자들뿐이었다. 김구·임정·한독당 계열 및 김규식·민족자주연맹 계열조차 단선 참여를 거부했다. 남북한의 많은 정치세력 가운데 극히 일부만이 참여하여 단독선거를 강행했다는 사실은 그 선거를 통하여 구축될 지배 질서가 결코 정상적일 수 없을 것이라는 것, 따라서 그것은 반드시 어떤 역사적 대가를 치를 것이라는 점을 예견케 했다."
>
> – 박명림,
>
> 「해방, 분단, 한국전쟁의 총체적 인식」, 『해방전후사의 인식 6』

5·10 총선에 극히 일부 세력만 참여한 것도 아니었고, 한독당 계열 인사들도 개인 자격으로 총선에 참여했음에도 이런 주장이 나오는 건 김구와 김규식이 이른바 남북협상이라는 것을 위해 평양에 갔다 온 뒤 유엔 결의에 따른 총선 참여를 거부했기 때문이다. 그런 점에서 김구가 역사에 얼마나 큰 죄를 지었는지 알 수 있다. 좌파 세력은 심지어 "역사적 대가를 치를 것이라는 점을 예견케 했다"라고까지 말한다. 마치 한국전쟁의 원인이 대한민국 건국에 있는 것처럼 주장하는 것이다. 그리고 김구는 이 주장에 빌미를 제공했다.

그런 점에서 김구가 평양에 가서 공산주의에 놀아난 것은 비판받아 마땅하다. 그런데 어찌 된 일인지 김구는 비판받기는커녕 오히려 추앙과 숭배의 대상이 되어왔다. 대중은 김구를 통일운동의 화신으로 받들어왔다. 대한민국 탄생에 재를 뿌린 사람이 오히려 대한민국에서 추앙받고 신화가 된 이 역설을 어떻게 설명해야 할지 모를 일이다.

이 책 제목이 시사하듯 김구 신화는 가공의 역사가 만들어낸 허구다. 대한민국에 반역한 김구가 대한민국에서 우상이 되고 신화의 존재로 추앙받는 건 어처구니없는 난센스라 하지 않을 수 없다. 그래서 김구 신화는 깨져야 한다. 가공의 역사가 아니라 사실의 역사가 되기 위해서는 반드시 그래야 한다.

그런데 근래 김구 신화에 균열 조짐이 나타나고 있다. 여기에 결정적 역할을 한 게 정안기의 『테러리스트 김구』다. 저자는 이

   김구, 만들어진 신화

책 서문에서 "한국 근현대사를 통틀어 김구에 버금가는 장엄한 인물 또는 불가침 신성神聖을 간직한 역사인歷史人은 없다"면서도 "테러리스트 김구는 평생에 걸쳐 수십 건의 잔혹한 테러를 자행하고 다수의 인명을 살상한 세계적으로 유명한 정치적 암살자이자 무수한 암살 음모의 장본인"이라고 짚었다.

놀라운 일이다. 김구와 '테러리스트'라는 단어를 조합하다니 이런 도발이 있을까. 사실 김구는 테러리스트가 맞다. 하지만 한국 사회에서 김구에게 감히 테러리스트라고 대놓고 말하는 건 사실상 금기가 되어왔다. 그런 가운데 정안기는 김구를 '테러리스트'로 못 박았다. 그 덕분에 김구를 감싸온 신화의 한 꺼풀이 벗겨졌다. 이는 그의 용기이기도 하지만, 한편으로는 한국 사회의 분위기가 바뀌고 있다는 신호로도 해석될 수 있다.

하지만 김구의 실체, 곧 '있는 그대로의 모습'은 여전히 신화에 가려져 있다. 더 많은 진실이 대중 앞에 드러나야 한다. 무엇보다도 김구 신화의 토대를 이루는 가공의 역사를 바로잡아야 한다. 이 책을 쓴 이유다.

# 신화로 둔갑한 반역

1부

## 신화의 탄생

한국 사회에서 김구金九라는 존재는 하나의 신화다. 그에 대한
진실이 제법 알려져 있고 신화에 일부 금이 가기 시작하기는 했
으나, 요즘도 김구 신화의 위세는 여전하다. 그는 지금도 한국인
대다수의 우상으로 굳건히 자리매김하고 있다.

KBS는 2000년 8월 12일 〈역사스페셜 – 발굴 스티코프의 비밀
수첩, 김구는 왜 북으로 갔나?〉라는 프로그램을 방영했다. 지금
도 유튜브에서 찾아볼 수 있는 이 방송은 다음과 같이 시작된다.

"1949년 6월 26일 김구가 암살됐다. 한결같이 민족 통일을 부르
짖던 정치인, 그의 죽음과 함께 통일을 위한 노력도 사라지는 듯
했다."

　4반세기가 지난 일이지만, 이 내레이션은 한국 사회에 깊이 뿌리박고 있는 김구 신화의 단면을 보여준다. 김구의 죽음으로 통일을 위한 노력이 사라지는 듯했다는 이 한마디는 그가 통일의 화신으로 사람들의 의식에 자리하고 있음을 확인시켜준다.

　백범白凡 김구. 만일 그가 안두희의 총탄에 쓰러지지 않았다면 역사는 그를 전혀 다른 인물로 기록했을지 모른다. 그가 북한의 6·25 남침을 겪었다면 그의 당시 행보로 보아 지금과 같은 역사적 지위에 오르지 못했을 것이다. 김구 못지않은 독립운동의 발자취를 남기고 김구와 함께 이른바 남북협상에 나섰던 김규식金奎植에 대한 평가나 역사적 지위를 생각해보면 그렇다. 김구는 온 국민이 아는 독립운동의 영웅이자, '평생을 조국의 독립과 자주 평화통일에 모두 바치신 민족의 지도자이며, 겨레의 큰 스승(백범 김구기념관 김구 좌상 설명)'으로 추앙받고 있지만, 김규식은 한국 근현대사에 관심이 많은 사람이 아니라면 잘 알지도 못한다.

　이런 차이는 어디서 비롯되었을까. 김구는 극적인 죽음을 맞아 국민의 애도 속에 세상을 하직했지만, 김규식은 한국전쟁 때 북한군에게 납북되어 쓸쓸히 생을 마감했다. 이것이 두 사람의 역사적 지위를 가른 가장 결정적인 요인이다.

　김규식은 한국전쟁 당시 피난하지 않고 서울에 남아 있다가 납북되었는데, 김구가 살아 있었다면 비슷한 운명을 맞지 않았을까 한다. 김규식이 왜 피난하지 않았는지는 알 수 없다. 아마 북한 공산군이 자신에게 위해를 가하지는 않으리라고 생각했을 가능성이 크다. 대한민국 정부 수립이 '통일정부'라는 민족적 염원을 배신하는 것이며, 김일성 정권 수립이 정당성과 정통성을 가진다는 인식을 심기 위해 북한 측이 개최한 남북연석회의에 참석했을 뿐 아니라 남한 총선에 반대하며 참여하지 않았으니 북한 측에게 대접받지는 못하더라도 납북돼 고초를 겪으리라고는 예상치 못했을 것이다. 김구라면 그렇게 생각했을 가능성이 더 크다.

다행히(?) 김구는 김규식이 겪은 참담한 꼴은 겪지 않아도 되었다. 아니, 오히려 피살당함으로써 신화가 되었다. 안두희의 김구 저격은 김구의 삶을 극적으로 만들었다. 통일정부 수립을 위해 "삼팔선을 베고 쓰러질지언정 단독정부 수립에 협조하지 않겠다"는 신념을 지켰고, 기어이 삼팔선을 베고 쓰러지는 장면까지 만들어졌으니 참으로 기막힌 드라마가 완성된 것이다. 이렇게 극적일 수 있을까. 그런 점에서 안두희야말로 김구 신화가 만들어지는 데 결정적 역할을 한 인물이라 할 수 있다.

사실 스티코프의 '비밀수첩'(통상 『스티코프 일기』로 불린다)은 김구가 통일의 화신임을 밝혀주는 것이 아니라 오히려 그가 북한 측, 구체적으로는 스티코프의 정치공작에 놀아난 사실을 말해주는 사료다. 연해주 군관구 25군 정치위원이던 스티코프는 소련군이 북한 지역을 점령함에 따라 스탈린과 소련공산당 중앙위원회의 지침에 따라 해방정국 북한에서는 물론 남한 좌익 세력에까지 절대적 영향력을 행사했으며, 북한에서 벌어진 모든 일이 그의 손을 거치지 않은 게 없었고, 그 과정을 거쳐 김일성 괴뢰

정권이 태어났다. 그는 남북연석회의의 연출자였다. 김구를 평양으로 불러들인 것도 스티코프라고 볼 수 있다. 그런데도 KBS가 스티코프 일기를 엉뚱하게도 김구 신화를 확대 재생산하는 데 동원한 것은 김구 신화가 한국 사회에서 얼마나 강고한지를 말해준다.

　김구를 직접적으로 우상화하고 신화로 만든 것은 박정희 정부다. 박정희는 왜 그의 경제발전 기적을 이루는 토대를 쌓은 이승만을 지우며 김구를 부각했을까. 박정희는 이승만이 깔아놓은 레일을 달려 놀라운 성취를 이루어냈다. 하지만 그의 집권은 쿠데타에 의한 것이었으며, 아마 박정희는 5·16 쿠데타의 정당성을 인정받고 나아가 혁명으로 자리매김하려 하지 않았을까 한다. 그러기 위해 그는 자신이 무너뜨린 것이 단순히 무능한 장면張勉 정부만이 아니라 그 이전 이승만 정부까지 두루 포괄한 '구체제(앙시앙 레짐)'라고 생각했던 게 아닐까 싶다. 그래서 이승만까지 부정하려다 보니 김구를 우상화한 것으로 짐작된다.

　박정희 정부는 1962년 3월 1일 김구에게 대한민국건국공로훈장 중장重章(대한민국장), 곧 1급 건국훈장을 추서했고, 1969년 8월 23일 서울 남산에 김구 동상을 건립하면서 주변 일대를 백범광장으로 명명했다. 이뿐만이 아니다. 중·고등학교 교과서에 김구의 자서전 『백범일지』 마지막에 실려 있는 '나의 소원'이나 '삼천만 동포에게 읍고泣告함' 등을 인용해 김구를 미화·찬양하는 내용의 글이 실렸다. 이에 따라 박정희 정부 이후 중·고등학교를 나온 사람들은 누구 할 것 없이 김구를 '분단을 막기 위해 분투하다가 안두희의 흉탄에 쓰러진 통일의 화신'으로 기억할 수밖에 없게 되었다. 그렇게 김구 신화가 탄생했다.

김구 신화가 확대 재생산된 것은 1980년대 들어서다. 그 배경에는 80년대 좌익운동 세력의 이념이 자리하고 있다. 1980년대 좌익운동 사상에는 두 가지 흐름, 마르크스주의와 민족주의가 있었다. 둘 다 과학철학자 칼 포퍼가 말한 '열린 사회의 적'의 이념이다. 포퍼는 공산주의에 대해서만 그것이 전체주의라는 점에서 열린 사회의 적이라고 했는데 민족주의도 마찬가지다. 민족주의도 한 발짝만 더 나가면 전체주의의 나락으로 떨어진다. 아니, 민족주의 자체가 전체주의의 속성을 지니고 있다고 볼 수 있다.

이런 가운데 마르크스주의와 민족주의가 결합한 최악의 이념이 등장했다. 이른바 '민족해방·민중민주혁명NLPDR(National Liberation People's Democratic Revolution)'론이다. 흔히 주사파라고 불리는 세력이 신봉한 이 이념의 영향력은 단순히 운동권에만 미친 게 아니었다. 광범위하게 대중에 스며들었고, 그 파급력은 일반인이 상상하기 어려울 정도로 컸다. 대중은 자신도 모르게 그들의 의식에 젖어 들었다. '우리 민족끼리' 같은 사고가 기존의 반일 정서에 더한 반미 정서와 한 쌍을 이루며 민족의식을 심화시켜갔다. 당연히 통일은 지고의 가치로 대중의 뇌리에 새겨졌다.

김구 신화가 확대 재생산된 것은 이런 토양 위에서였다.

김구는 성역이 되었다. 그에 대한 비판은 금기가 되어버렸다. 누가 강제하는 게 아니라 사회적 분위기가 그랬다. 김구를 비판하려면 사회에서 소외될 것을 각오해야만 했다. 반면 그에 대한 찬양은 각광脚光을 받았다. 김구를 미화하는 방송과 출판물이 넘쳐났다. 돈이 되었기 때문이다. 그건 오늘날도 마찬가지다.

김구에 대한 우리 사회의 이러한 태도는 이승만에 대한 태도와는 크게 대비된다. 이승만에 대한 비판은 '마땅한 것'이었으나, 그에 대한 긍정적 평가는 물론 객관적 평가조차 금기시되었다. 이승만에 대한 뒤틀린 인식을 바로잡기 위한 많은 저작이 나왔으나 효과는 미미했다. 그렇게 이승만은 지워져갔다. 남북협상을 주장하고 평양행을 강행한 김구가 신화화할수록 우선 남한만이라도 먼저 정부를 수립해야 한다는 주장을 관철해낸 이승만은 격하되었다.

우리 사회의 이런 현상에 약간의 균열이 생긴 건 최근의 일이다. 이승만에 대한 오해를 바로잡는 내용을 담은 다큐멘터리 영화 〈건국전쟁〉이 2024년 117만 명의 관객을 불러 모았다는 사실은 그 자체로 큰 변화다. 그런데 이 다큐멘터리 영화는 이승만에 대한 오해를 푸는 것뿐만 아니라 김구 신화를 무너뜨릴 만한 중대한 내용도 담고 있었다. 김구가 대한민국에 반역을 저질렀음을 폭로하는 충격적 내용이다. 즉, 김구가 북한의 남침을 확신하고 있었으면서도 그걸 감추었다는 이야기가 이 다큐멘터리 영화에 나온다.

　물론 그건 새로운 사실이 아니다. 이미 오래전에 그 사실이 밝혀지고 공개되었으나 대중에게 널리 알려지지 않았을 뿐이다.


## 김구, 역사에 죄를 짓다


　잘 알려져 있듯 1948년 4월 20일부터 30일까지 평양에서 이른바 ‘전조선 정당·사회단체 대표자연석회의(남북연석회의)’가 열렸다. 이 이벤트는 해방정국 북한을 쥐락펴락했던 소련 점령군사령부 정치위원 스티코프가 기획, 연출한 것이다. 김일성이 스탈린의 지침을 받는 스티코프의 지시에 따라 행동하고 소련군 정치장교들이 써준 대로 연설하는 꼭두각시에 지나지 않았음은 비밀 해제된 소련 측 문서와 『스티코프 일기』 및 『레베데프 비망록』 등을 통해 드러났다.

　스티코프는 곧 태어날 김일성 정권의 정통성과 정당성을 위해 남북연석회의를 구상했고, 남한에서 우익의 김구와 중도의 김규식 그리고 수많은 좌익 계열의 단체 대표나 활동가들이 북으로 넘어갔다. 좌익 계열 인물들이야 당연히 공산주의 체제의 통일정부를 만들기 위한 신념에서 평양으로 갔지만, 김구와 김규식, 특히 김구의 평양행은 도무지 납득되지 않고 설명되지 않는 점이 한둘이 아니다.

　　　　　　　　　　김구, 만들어진 신화

김구가 이른바 남북협상을 위해 평양에 다녀온 지 2개월이 조금 더 지난 1948년 7월 11일, 중국 공사 류위완(劉馭萬유어만)이 경교장으로 그를 찾아간다. 류위완은 이때 나눈 밀담을 영어로 정리해 이승만에게 보냈고, 거기엔 놀라운 내용이 담겨 있었다. 김구는 자신이 대한민국 정부 수립에 참여하지 않은 것에 대해 "어차피 대한민국 정부를 수립해 봤자 공산군의 남침으로 이내 무너질 터인데 내가 거기에 참여할 까닭이 있는가"라는 취지의 말을 얼결에 툭 던졌는데, 그게 고스란히 기록으로 남아 있다.

이것이 그동안 사람들이 알아왔던 것과는 전혀 다른 얼굴의 김구다. 류위완과 나눈 밀담에 나타난 그의 모습은 숭고하기는커녕 기회주의적이고, 나아가 속내를 알 수 없는 인간의 전형을 보여준다. 이런 인물을 한국 사회는 통일운동의 화신으로 받들어왔다. 김구의 이러한 면모는 우리네 보통 인간보다 훨씬 더 얍삽한 '참을 수 없는 가벼움'을 느끼게 한다. 그런데도 김구는 자신이 반대하고 방해한 대한민국에서 '신화'가 되었고, 성역이 되어 있다. 이런 아이러니가 또 있을까.

류위완은 왜 김구를 찾아갔을까. 류위완·김구 밀담 문건 전문을 보면 까닭을 알 수 있다. 다음은 이화장에 보관돼 있던 '류위완 보고서'를 조갑제가 발굴해 2009년 『월간조선』에 게재한 전문이다.

**류위완** 나는 선생님의 어떤 면보다도 정직한 분이란 점에서 존경해왔습니다. 나도 비록 외교관이지만 솔직하게 이야기하는 사람입니다. 서울에 부임하게 된 것은 나로선 최초의 외교관 임무입니다. 오늘 선생님을 화나게 만들지 모르지만, 정직한 사람과 정직한 사람 사이의 대화를 하기 위하여 방문한 것입니다.

**김구** (알았다는 뜻으로 고개를 끄떡일 뿐)

**류위완** 유엔위원단(그는 유엔한국임시위원단의 중국 대표였다 - 저자)의 한 사람으로 상해(上海)를 방문하고 돌아온 후 꼭 만나뵙고 싶었습니다. 며느님과 아드님께서 중국에 체류 중인 것으로 알고 있고, 엄 씨(엄항섭 - 저자)도 선생님과 같이 살고 있지 않는 것으로 알고 있어 나를 통역할 사람이 없다고 생각해서 자주 여기에 올 수가 없었습니다.

**김구** 귀하가 말한 그 사람들이 여기에 없어도 귀하를 위하여 통역할 사람은 있어요.

**류위완** 나는 오철성(중국 국민당 정부 전 외교부장 - 저자)이 보내는 편지를 갖고 있는데 공사관에 두고 왔습니다. 중국 외무장관 왕시굴도 직접 편지를 보낼 것입니다. 장개석(蔣介石) 총통께서도 편지를 직접 쓰려고 하였는데, 외무장관이 오늘 대화에 대한 보고를 받고 나서 쓰시도록 건의를 드렸습니다. 저는 이 세 통의 편지가 같은 메시지를 선생께 전하는 것임을 잘 알고 있습니다. 즉, 이(李) 박사(이승만 - 저자)와 협력해달라는 것입니다. 우리는 이 박사와 선생과 김규식(金奎植) 박사가 남한 정권을 수호하는 데 협조해주기를 진심으로 기원합니다. 이런 중국 격언(格言)이 있습니



김구, 만들어진 신화

다. "집안에서 형제들이 다툴 순 있지만 그렇게 함으로써 다른 사람들로부터 비방을 자초해선 안 된다." 선생들 사이에서 이견이 많다고 해도 소련이 지배하는 세계 공산주의라는 공통의 위협 앞에선 다 형제들입니다. 나는 선생의 아들 김신을 나의 친구라고 생각합니다. 그래서 제가 하는 말이 듣기 거북하시더라도 아들이 자신의 아버님에게 진심으로 드리는 말씀이라고 생각해주십시오. 만약 선생께서 공산주의를 신봉하고 가담하실 생각이라면, 저는 그렇게는 믿지 않습니다만, 제발 그렇다고 말씀하십시오. 그렇다면 우리는 정치적 적수(敵手)로서 서로 헤어지고 다시는 만나지 않으면 됩니다.

**김구** (심각한 표정으로 웃으면서) 나는 항상 무슨 일이 일어날지 알고 있어요. 사실은 내가 마음의 준비를 하고 있는 게 있습니다. 내 최측근한테도 이야기하지 않은 것이라 당신에게 털어놓는다는 게 적당하지 않다고 생각합니다. 이 정도로만 말씀드리지요. 머지않은 장래에 모든 것을 밝히겠습니다. 귀하를 포함한 내 친구들이 좋아하든 않든 간에. 귀하는 기다려주실 거죠?

**류위완** 지금 생각하고 계시는 것을 말씀하지 않으셔도 좋습니다. 오히려 말씀하시지 않도록 권하고 싶어요. 저에게 부과된 메시지 전달은 끝났으므로 허락해주신다면 선생님께서 고민하고 계시는 최종적 결정을 내리실 때 도움이 될 만한 저의 개인적 생각을 말씀드릴까 합니다.

**김구** (찬성은 아니지만 예의상 승낙한다는 표정을 지음)

**류위완** 내가 이 박사에게 선생과의 협조 가능성을 타진할 때마다 그분의 대답은 변함없이 "만약 그가 나와 함께 일할 생각이라면, 나는 기꺼이 그에게 다가가 환영하겠다"라는 말이었습니다. 나는 이 박사께서 부통령직을 선생에게 제의하실 생각을 갖고 있다는 인상을 받고 돌아가곤 했습니다. 나는 귀하께서 그런 자리를 초월하신 분이라 그런 점에 대하여 제가 언급하게 된 것을 유감으로 생각하실 것입니다. 선생님께선 "부통령 같은 것은 집 어치워! 어떤 공직도 맡지 않겠어!"라고 말씀하실 수도 있습니다. 그러나 만약 선생께서 이 박사와 협력하시고 싶다면 새롭게 구성되는 정부에서 그런 자리를 차지하는 것이, 적어도, 많은 사람과 당황하고 있는 선생의 지지자들에게 우익(右翼) 진영의 단결을 보여주는 상징적 가치가 있다고 생각합니다. 선생께선 애국 활동의 찬란한 기록을 갖고 계십니다. 선생께서 최근 평양에서 열린 소위 남북한 지도자협의회에 관계하신 일은 그런 기록에 타격이 되었습니다. 북중국에서 조선인들이 공산주의자들의 포로가 되면, 목숨이 아까워서 그러겠지만, "우리는 김구 지지자들입니다. 그분이 공산주의자들의 목적을 위하여 일하고 있다는 것을 잘 아시지 않습니까"라고 말하는 일이 생기고 있습니다. 선생의 모든 동지는 선생의 찬란한 과거 업적이 이런 식으로 허물어지는 것을 지켜보면서 참으로 안타깝게 생각합니다.

**김구** 나도 잘 알고 있는 일입니다. 북한 공산주의자들은 나를 자신들의 협력자로 간주합니다. 내가 귀하께 이야기했듯이 모든 사람이 내 입장을 곧 알게 될 것입니다. 그렇다고 내가 남한 정부에 참여한다는 뜻은 아닙니다. 귀하도 알다시피 이 박사는 한민당의 포로가 되어, 말하자면 그들이 하자는 대로 해야 하는 신세입니다. 내가 만약 정부로 들어가면 피할 수 없는 갈등이 일어나 문제를 일으킬 것입니다. 내가 바깥에 머무르는 게 낫습니다. 나는 그 더러운 정치 싸움에 연관되는 게 싫습니다.

**류위완** 선생님의 말씀은 오히려 바깥에서 계시는 것보다는 정부에 들어가셔야 한다는 논리를 갖게 합니다. 이 박사께서는 한때 선생님의 동지셨던 신익희, 이범석, 이청천 씨 같은 분들을 휘하에 두고 있습니다. 선생께서 참여하셔서 그들에게 힘이 되어주지 않으신다면 모든 게 한민당 뜻대로 되고 말 것입니다. 이 박사께서 국익을 위해 그렇게 하고 싶으셔도 혼자서 그 정당을 제어하는 것이 어려울 것입니다. 선생께서 정부에 들어가셔서 그들을 견제하면 이 박사를 강화해줄 것이고, 만약 버리신다면 이 박사를 한민당의 수중에 떨어지게 할 것인데, 선생께서도 한민당이 국가의 운명을 견제 없이 함부로 농단해선 안 된다고 생각하시지 않습니까.

**김구** (정치 싸움 등 이미 말한 것을 되풀이한 다음) 더구나 나는 한 특정 정당의 비방전에 의하여 반미주의자로 광범위하게 색칠을 당했습니다. 나는 중국과 미국만이 한국에 도움이 되는 이웃 나라라고 생각하는데도 말입니다. 우리가 나라를 건설하는 데는 미국의 도움이 필요한데, 내가 정부를 구성할 때 그 안에 있으면 미국인의 동정심에 찬물을 끼얹어 국가이익을 해치게 될 것입니다.

**류위완** 선생님 말씀은 틀렸습니다. 이 박사도 한때 반미주의자로 악평을 받은 적이 있었습니다. 지금은 미국 사람들이 태도를 바꿔 그를 지원하게 되었습니다. 한국 정부를 수립하는 것은 결국 한국인의 고유한 일입니다. 한국에 있는 미국인이 선생을 어떻게 보는가 하는 것은 문제가 안 됩니다. 그들은 결국 가게 되어 있습니다. 하지 장군도 명예롭게, 창피를 당하지 않고 소환될 것입니다. 가도 괜찮습니다. 귀측이 단결하고 유엔이 전폭적으로 지원하게 되면 미국 측이 떠나는 일도 앞당기게 될 것입니다.

**김구** 귀하는 중국이 한국을 인정하는 첫 번째 나라가 될 것으로 생각합니까?

**류위완** 나는 자신 있게 말할 입장이 되지 못합니다. 그러나 중국, 미국, 영국이 최대한 빠른 시일 내에 그렇게 할 것이라는 점을 믿어 의심치 않습니다.

**김구** 미국이 (지금 입장을) 물릴 수 없다고 생각합니까?

**류위완** 불가능합니다. 왜냐하면 미국인들이 한국의 독립을 확고하게 지지하니까요.

**김구** 내가 (평양에서 열린) 남북한 지도자 회의에 참석한 한 가지 동기는 북한에서 실제 일어나고 있는 일들을 알아보려는 것이었습니다. 공산주의자들이 앞으로 북한군의 확장을 3년간 중단한다고 하더라도, 그사이 남한에서 무슨 노력을 하더라도 공산군의 현재 수준에 맞서는 군대를 건설하기란 불가능합니다. 러시아 사람들은 비난을 받지 않고 아주 손쉽게 그것(북한군 - 저자)을 남진(南進)하는 데 써먹을 것이고, 단시간에 여기서 정부가 수립될 것이며, 인민공화국이 선포될 것입니다.(밑줄은 저자)

**류위완** 러시아가 전쟁을 각오하지 않으면 그런 일은 일어나지 않을 것인데, 그들은 전쟁을 원하지 않는다고 봅니다. 과거에 러시아는 두 번 국제적 압력에 굴복한 적이 있습니다. 한 번은 한국으로부터, 또 한 번은 요동반도로부터 물러났습니다. 유엔을 통해 세계 여론이 일어나면 러시아는 그 충격 앞에서 다시 굴복할 것입니다. 여기서 만들려고 하는 정부가 북한 정권이 러시아의 꼭두각시인 것처럼 미국의 꼭두각시라면, 나는 선생께서 어느 쪽과도 협력하지 않으려는 입장을 쉽게 이해할 것입니다. 유엔의 지지 덕분에 한국 정부는 주권국가가 될 것이고, 통일을 성취할 기지(基地)가 될 것입니다. 한국이 약하게 보일수록 선생께선 조건 없이 (건국을 위하여) 투신하셔야 합니다.[01]

이 두 사람의 대화를 보면 류위완이 김구를 찾아간 까닭을 알 수 있다. 그는 김구가 이승만과 협력하도록 설득하기 위해 경교장을 방문했고, 이승만·김구·김규식의 협력이 한국 정부를 강

---

01  저자는 이 문건의 존재와 그 안에 담긴 내용의 요지에 대해 1990년대 후반 이승만의 양자인 고故 이인수 박사에게 들어 이미 알고 있었다. 하지만 당시만 해도 한국 현대사에 대해 잘 알지 못하기도 했거니와 김구라는 독립운동 영웅의 명성에 금이 가는 것을 원치 않아 그냥 지나쳐버렸다. 그만큼 김구 신화의 위력이 컸다는 이야기다.

화하는 길이라고 호소한다. 그리고 그것이 중국 총통 장제스(蔣介
石장개석)의 뜻이자 자신의 '최초의 외교관 업무'임을 강조하고 있
다. 중국인인 그가 주요 정치 지도자들의 협력으로 곧 출범할 신
생 대한민국의 강화를 위해 애쓴 흔적이 역력하다.

그에 비해 한국인 김구는 대한민국, 나아가 한반도의 미래에
아무 관심이 없어 보인다. 마치 강 건너 불구경하듯 한반도 일을
남의 일인 양 이야기하고 있다. 그를 한국인이라고 했지만, 그는
스스로를 대한민국 국민이라고 생각하지 않았는지도 모른다.
아니, 그랬을 것이다. 대한민국 정부 수립에 참여하지 않았다고
해서가 아니라 반대하고 방해했으니 그랬을 것이라는 말이다.

류위완은 김구가 평양에서 열린 '소위 남북한 지도자협의회'에
관계한 일이 그의 독립운동 경력에 타격이 되었다며 북중국 조
선인들이 공산주의자들의 포로가 되면 목숨을 구하기 위해 "김
구가 공산주의자들의 목적을 위하여 일하고 있다"라고 말하는
일이 벌어지고 있다고 지적했다. 또한 김구의 동지들이 김구의
업적이 허물어지는 것을 안타깝게 생각한다고 말했다. 이에 대해
김구는 자신도 그 사실을 잘 알고 있다며 "북한 공산주의자들은
나를 자신들의 협력자로 간주한다"라고 말했다. 그렇다면 김구
는 그런 사실을 알면서도 공산주의자들에 협조했다는 말이 된다.
그의 의도는 무엇이었을까.

그러면서 김구는 "모든 사람이 내 입장을 곧 알게 될 것"이라
고 했다. 그는 이것이 남한 정부에 참여한다는 뜻은 아니라고 했

다. 그렇다면 '모든 사람이 알게 될' 그의 입장은 무엇이었을까. 그의 입장은 그가 의도치 않게 류위완에게 털어놓은 속내가 아니었을까. 전후 맥락으로 보면 그렇게 보는 것이 가장 타당해 보인다.

김구가 소련제 무기로 중무장한 북한군의 남침을 확신하고 있었다는 사실은 그의 위선과 기만을 여실히 보여준다. 그가 평양에서 남북연석회의를 마치고 김일성·김두봉·김규식을 포함한, 이른바 남북 지도자 15인이 함께 발표한 공동성명서와 정면으로 어긋나기 때문이다. 1948년 5월 1일 평양방송을 통해 발표된 공동성명 내용은 다음과 같다.

남조선 단독선거에 반대하는 전조선 정당·사회단체 대표자연석회의에 뒤이어 평양시에서 4월 30일 남북조선 정당·사회단체 지도자들의 협의회가 진행되었다. 이 협의회에서는 상정된 문제를 충분히 토의한 결과 다음과 같은 제 문제에 대하여 협의가 성립되었다.

1) 소련이 제의한 바와 같이 우리 강토에서 외국 군대가 즉시 철거하는 것은 우리 조국에서 조성된 곤란한 상태 하에서 조선 문제를 해결하려는 가장 정당하고 유일한 방법이다. 미국은 이 정당한 제의를 수락하고 자기 군대를 남조선에서 철퇴시킴으로써 조선 독립을 실지로 원조하지 않으면 안 된다. 일제가 우리 조국에서 구축된(어떤 세력 따위가 몰려서 쫓겨난 - 저자) 이후 우리 조선 인민

은 자력으로 외국의 간섭 없이 우리 문제를 우리 민족의 힘으로
능히 해결할 수 있을 만큼 장성되었으며, 우리 조국에는 이것을
해결하기에 충분한 간부들이 다수 있다.

2) 남북 정당사회단체 지도자들은 우리 강토에서 외국 군대가
철퇴한 후에 내전이 발생할 수 없다는 점을 확인(강조점은 저자)하
며, 또 그들의 통일에 대한 조선 인민의 지망(뜻을 두어 바람. 또는 그
뜻 - 저자)에 배치하는 여하한 무질서의 발생도 용인하지 않을 것
이다. 남북 정당사회단체들 간에 전취 약속은 우리 조국의 완전
한 질서를 확보하는 튼튼한 담보이다.

3) 외국 군대가 철퇴한 이후 좌기 제 정당·단체들은 공동명의로
써 전조선정치회의를 소집하여 조선 인민의 각층 각계를 대표하
는 민주주의 임시정부가 즉시 수립될 것이며, 국가의 일체 정권
은 정치, 경제, 문화생활의 일체 책임을 갖게 될 것이다. 이 정부
는 그 첫 과업으로 일반적 직접적 평등적 비밀투표로써 통일적
조선입법기관을 선거할 것이며, 선거된 입법기관은 조선헌법을
제정하여 통일적 민주정부를 수립하여야 할 것이다.

4) 상기 사실에 의거하여 본 성명서에 서명한 제 정당·사회단체
들은 남조선 단독선거의 결과를 결코 승인하지 않을 것이다. 또
이러한 선거로써 수립되는 단독정부를 결코 인정하지 않으며 지
지하지 않을 것이다.[02]

---

02  〈조선일보〉 1948년 5월 3일 자.

   김구, 만들어진 신화

공동성명은 "외국 군대가 철퇴한 후 내전이 발생할 수 없다는 점을 확인"하고 있다. 김구는 그 이전에도 외국 군대 철수를 외쳤으니, 그런 내용을 담은 공동성명에 동의하고 서명할 수는 있다고 치자. 문제는 외국 군대 철수가 의미하는 바가 무엇이냐는 점이다. 외국 군대 철수란 미소 양군의 철수를 말하는데, 이는 실제적으로는 미군만의 철수를 뜻한다. 소련은 한반도와 국경을 맞대고 있고, 북한을 점령한 소련군도 연해주 군관구 부대였다. 미군과 달리 소련군은 언제든 신속하게 되돌아올 수 있을 만큼 지척에 있다는 얘기다. 더구나 소련은 이미 북한에 남한을 압도할 무력을 건설한 마당이어서 애써 되돌아올 까닭도 없었다.

더 중요한 문제가 있다. 김구가 공동성명에 서명할 때까지는 북한의 무력이 어느 정도였는지 몰랐을 것으로 볼 수도 있다. 하지만 그가 소련제 탱크 등으로 중무장한 북한군 실체를 확인했다면 이야기가 달라진다. 외국 군대 철수는 한반도에서 힘의 균형이 무너지는 것을 뜻한다. 그리고 당시 그건 곧 전쟁을 의미하는 것이었다. 김구 자신도 그래서 소련이 북한군을 갖고 남침할 것임을 내다보았던 것 아닌가.

김구가 북한군의 위력을 목격한 것은 공동성명이 방송으로 발표된 5월 1일이었다. 이날 그는 북한의 메이데이 행사의 일환인 북한군 열병식을 김일성, 김두봉과 함께 고스란히 지켜보았다. 그가 얼마나 감탄했으면 류위완에게 3년 동안 북한군이 그대로 있고 그동안 남한에서 어떤 노력을 기울이더라도 북한군 같은 군대를 만들 수 없을 것이라고까지 했을까. 김구는 마땅히 전쟁 발발을 막기 위해 서울에 귀환한 뒤 힘의 공백 또는 힘의 불균형이 생기지 않도록 미군 철수를 막았어야 한다. 하지만 그는 거꾸로 행동했다.

김구와 김규식은 평양에서 돌아와 5월 6일 공동성명을 발표했다. 공동성명은 김구가 김규식을 방문해 서로 협의해서 만들어 발표했는데, 김구는 성명 발표에 앞서 "이번 일행의 소득은 물론 말할 것도 없지만, 특히 남북 동포가 영구히 통일하여 살아나가야 되겠다는 확고한 견지를 튼튼히 했다"며 "모든 것이 첫술에 배부른 것이 아니니 한두 번이라도 더 내왕하면 우리의 목적을 달성할 자신을 갖고 왔다"고 말했다.[03]

김구는 진심으로 그렇게 믿었을까. 그의 이 말은 실제와는 동떨어진 것이었다. 그가 더 내왕할 의지를 가졌더라도 소련 점령군은 그럴 필요성을 느꼈을 리 없다. 이미 남북한의 정당사회단체 대표자들의 회합으로 남한 총선거의 부당함과 북한 정권 수립의 정당함을 선전했고, 눈앞으로 다가온 5·10 총선이 취소될 리도 없었으니 말이다.

김구, 김규식은 이 공동성명에서 통일 조국을 재건하기 위해 남조선 단선단정을 반대하는 데 의견이 일치했다며 "북조선 당국자도 단정은 절대 수립하지 않겠다고 확언했다"고 밝

---

03  〈조선일보〉 1948년 5월 7일 자.

   김구, 만들어진 신화

혔다. 대체 북조선 당국자란 누구를 지칭하는 것인가. 당시 북한은 비록 소련군의 지침에 따라 움직이는 괴뢰이긴 해도 이미 정부를 가동하고 있었지만, 외형적으로는 아직 정부 수립 전이었다. 따라서 '북조선 당국자'라고 할 만한 대상은 분명치 않았다. 그렇다고 김구와 김규식이 소련 점령군 사령부를 당국자라고 했을 리는 없다. 그런데도 두 사람은 '북조선 당국자'라는 용어를 썼다.

김구와 김규식이 말한 '북조선 당국자'는 김일성을 의미했던 게 아닐까 한다. 김구나 김규식 모두 김일성이 소련군 치하 북한 정치의 제1인자라는 점을 잘 알고 있었고, 실제 평양에 가서 김일성이 '실세'임을 과시하는 모습도 목격했다. 나아가 공식 행사인 남북연석회의라는 게 각 정당이나 단체 대표들이 자유롭게 토론 과정을 거쳐 뜻을 모으는 게 아니라 각본에 따라 일사불란하게 움직이는 형식적 행사에 지나지 않았으며, 공산주의자들 대부분이 소련으로부터 북한 제1인자로 낙점받은 김일성에게 충성심을 인정받으려 애쓰고 있다는 사실도 간파했을 것이다. 그 정도의 상황도 파악하지 못했다면 정치 지도자로서는 함량 미달이라 할 수밖에 없다.

김구, 김규식은 이어 '북조선 당국자'가 단정 수립을 절대 하지 않겠다고 확언했다는 점을 들어 "이것은 우리 독립운동의 역사적 신발전이며, 우리에게 큰 서광을 주는 것"이라고 마치 자신들의 남북협상이 큰 성과를 낳기라도 한 양 과대 포장했다. 그들은 나아가 '남북 정당사회단체 지도자협의회' 성명이 양군 철수 뒤 '전국정치회의'를 소집해 통일적 임시정부를 수립할 것을 약속했으니 양군 철수 후 어떤 험난한 정세에 빠지더라도 동족상잔이 없을 것임을 확신한다고 했다.

두 사람은 정말 동족상잔은 없을 것이라고 확신했을까. 공식 기록이 없어 김규식의 속내는 알 길 없지만, 김구는 정반대로 남침을 예견하고 있었음을 류위완과 나눈 밀담 기록으로 확인할 수 있다. 아무 기록도 남기지 않았지만 아마 김규식도 김구가 내다본 것을 똑같이 보았을 것이다. 그런데도 두 사람은 서울에 귀환해서는 자신들의 속내를 감춘 채 동족상잔은 없을 것임을 확신한다고 했다. 그런 점에서 모두 위선적이었을 뿐 아니라 북한군 남침을 감추고 덮어주었다는 비난을 면키 어렵다.

더욱이 두 사람은 거기서 그치지 않고 1948년 9월 파리에서 개최된 UN 총회에 대한민국을 인정하지 말라고 촉구하는 서한을 보내는 등 대한민국에 대한 반역을 계속했다. 당시 정부는 장면 등 대표단을 UN 총회에 파견해 대한민국 승인 및 UN 회원국 가입을 위해 외교전을 펼치고 있었다. 그들은 왜 그리 집요하게 대한민국 건국을 저지하고 방해하려 했을까. 무슨 까닭에서인지 그들은 북한 정권 수립을 방조함으로써 결과적으로 소련의 충실한 하수인 역할을 했다.

# 코너에 몰린 김구

김구가 민족 통일의 화신으로 숭배받게 되는 결정적 '이벤트'
는 이른바 남북협상이다. 말이 좋아 남북협상이지 실상은 남북협
상이라는 말 자체가 성립할 수 없다. 당시 남북이 협상하려면 남
북한을 점령하고 있던 미·소 군사령부, 나아가 미국과 소련이 나
설 때만 의미가 있었기 때문이다. 한발 물러나서 미소 양국과 점
령군 사령부가 한국인들끼리의 회담을 존중하고 거기에 가치를
부여한다 해도 회담 주역들의 대표성이 문제가 된다. 그나마 북
한의 경우 김일성이 명실상부한 대표성을 가지고 있었지만, 김
구와 김규식을 중심으로 한 일단의 정치인들은 남한의 대표성을
가지고 있지 않았다. 누가 그 자격을 부여한 것도 아니고, 그들은
단지 소련군 치하 북한의 일방적인 정치 행사에 자의적으로 참
석했을 뿐이다.

김구와 김규식, 김일성과 김두봉의 4자 회담도 사실상 소련군
의 의도에 충실했을 뿐이어서 별 의미가 없었다. 실질적 의미가
있었다 해도 대표성의 문제는 여전히 남는다. 김구는 4자 회담보
다 김일성과의 회담에 무게를 두었지만, 실은 굴욕적이라 할 만
큼 짧은 시간 동안 김일성과 면담하고 왔을 뿐이다. 이러한 사실
은 김구 신화나 신화의 확대 재생산이 얼마나 비합리적이고 비
이성적인지를 말해준다.

이렇듯 아무 의미가 없었는데도 김구는 왜 평양행을 감행했을

까. 민족 분단을 저지하기 위해? 그렇다면 그는 자신이 김일성과 만나 담판을 벌여 분단을 막을 수 있다고 믿었던 것일까. 그렇게 믿었다면 정치적으로 백치라고밖에 할 수 없으며, 그렇지 않았다면 사적인 정치적 목적을 위해 '통일정부'라는 허상을 내세워 대중을 기만했다고 할 수밖에 없다. 그리고 김구는 김일성과의 담판이 별 의미를 갖기 어렵다는 점을 모르지 않았다. 그렇다면 김구의 '평양행'에 대해서는 다른 설명이 필요하다.

해방정국 내내 김구의 행동은 남북협상과는 동떨어져 있었다. 그건 그의 정치적 미숙함 때문일 수도 있겠지만, 전근대적 의식에서 벗어나지 못한 그의 정신세계에 기인한 것으로 볼 수도 있다. 특히 평양행을 결심하기 바로 직전까지만 해도 그는 이승만과 뜻을 함께했다. 그러다가 돌연 태도를 바꿔 '통일 전사'로 변신한다. 김구는 왜 갑자기 생각을 바꿨을까. 그에게 무슨 일이 있었던 것일까.

해방을 맞은 뒤 김구, 김규식 등 충칭(重慶중경) 임시정부 요인들의 환국은 1945년 11월 23일, 12월 2일 두 차례에 걸쳐 이루어졌다. 임정 요인들은 미군이 한국에 진주하기 일주일 전 임시정부가 한국과 한국 민족의 이해와 운명을 결정하는 데 반드시 참여해서 결정해야 하는 자명自明의 권리를 보유하고 있다(임정 정통론)고 선언했다. 그리고 소련과 중국의 연안에 거주하는 한국 공산주의자들 다수가 소련군의 북한 진주와 함께 입북해 공산주의 정권 수립을 획책하고 있다[04] (강조점은 저자)는 사실을 미군정 당국에 경고하는 동시에, 남한의 미군 점령 당국자가 그들의 점령 정책을 수행하는 데 도움을 주고 한국민의 협조를 얻게 하기 위해 임정 지도자들의 입국이 절실히 요청된다고 주장했다.[05]

하지만 임정의 요청은 받아들여지지 않았다. 미 국무성이 이미 어떠한 단체에 대해서도 정통성을 인정하지 않는다는 방침을 세워두었기 때문에 개인 자격으로만 귀국할 수 있었던 것이다. 미군정 당국은 비단 임정에 대해서만 그랬던 것이 아니다. 해방 당일 여운형이 중심이 되어 만든 '조선건국준비위원회'가 미군 진주 직전인 1945년 9월 6일 간판만 바꿔 급조한 '조선인민공화국(인공)'도 미군정은 인정하지 않았다. '인공'은 일종의 '서류상 국가(paper nation)' 같은 것인데, 미 점령군이 이를 인정할 리 없었다. 1945년 9월 20일 미군정 장관 아놀드 소장은 군정청의 조직을 발표하고 그 서두에서 "미군 정부는 남한에 있을 유일한 정부(the only government)"라고 표현해 다시금 '인공'의 정부 지위를 부인했다. 그럼에도 불구하고 '인공'은 정부 행세를 계속하려 했고, 이에 따라 미군정은 10월 10일, 다음과 같이 미군정이 남한 내 유일한 합법정부임을 재천명한다.

---

04  이는 김구가 해방 당시 북한 지역이 소련군에 의해 공산화가 될 것, 곧 북한에서단독정부 수립이 진행될 것임을 알고 있었다는 증거다. 그것을 몰랐다면 공산주의와 소련 그리고 당시 국제 정세에 무지했다고 볼 수밖에 없다.

05  김운태, 『미군정의 한국통치』, 박영사, 105쪽.

38도 이남의 조선 땅에는 오직 하나의 군정부가 있을 뿐이다. 이 정부는 맥아더 원수의 포고와 하지 중장의 정령(政令)과 아놀드 소장의 행정령(行政令)에 의하여 정당히 수립된 것이다. 아놀드 군정장관과 군정관들이 엄선하고 감독하는 조선인으로 조직된 정부로서 행정 각 방면에 있어서 절대의 지배력과 권위를 가지었다. 자천자임(自薦自任)한 관리라든가 경찰이라든가 국민 전체를 대표하였노라는 대소(大小)의 회합이라든가 자칭 '조선인민공화국'이라든가 자칭 '조선공화국 내각'은 권위와 세력과 실체가 없는 것이다. 만일 이러한 고관대작을 참칭하는 자들이 흥행적 가치조차 의심할 만한 괴뢰극을 하는 배우라면 그동안 즉시 그 극(劇)을 폐막하여야 마땅할 것이다.[06]

이처럼 미군정이 '인공'을 인정하지 않은 것은 두 개의 정부, 곧 미군정과 인공이 양립할 수 없다는 점에서 당연한 일이었다. 물론 소련은 북한에 임시인민위원회라는 기구를 내세워 군정이 아니라 민정인 양 분식했지만 그건 공산주의자들 특유의 전술이었을 뿐, 미국이 그런 위장 전술을 취할 리 없었다. 그러므로 충칭 임정 요인들이 환국했다고 해서 미군정이 임정을 정부로 인정하지 않은 것은 예견된 일이었다. 해방 이전에도 미국은 충칭 임정을 인정하지 않았다. 이승만이 임정 승인을 위해 부단히 애

---

06  〈매일신보〉 1945년 10월 11일 자.

   김구, 만들어진 신화

썼지만, 미국 정부는 국민에 의해 구성된 정부가 아니면 어떤 임시정부나 망명정부도 인정하지 않았다.

문제는 김구가 "충칭 임시정부가 주권 수임기관이 되어야 한다"는 '임정 정통론' 또는 '임정 법통론'에 집착했다는 점이다. 김구는 임정 정통론으로 해방공간의 정치적 중심에 서려 했지만, 이는 당시 정세나 국제정치에 대한 수준 낮은 이해 탓이었다. 그러나 한국 사회는 지금까지 김구의 한계에는 애써 눈을 감아왔으며, 그러는 바람에 김구 신화는 더욱 강고해졌다.

사실 충칭 임정은 통상적 의미에서의 '정부'라는 말을 붙이기조차 어려운 처지였다. 임시정부가 상하이(上海상해)에서 처음 출범할 때는 외형으로나마 정부 형태를 갖추고 있었다. 하지만 초대 임시 대통령 이승만이 허구한 날 파당을 지어 싸움만 일삼는 임정의 분열상에 환멸을 느껴 미국으로 돌아가고 탄핵으로 대통령직에서 물러난 뒤, 명망가들이 뿔뿔이 흩어지면서 임시정부는 조각조차 하기 어려운 형편이 되었다.

마땅히 할 일도 별로 없었다. 김구가 한인애국단을 통한 테러로 방향을 잡은 것도 그 때문이었다고 볼 수 있다. 이봉창·윤봉길 의사의 거사를 높이 산 중국 국민당 정부로부터 지원을 받아 임시정부 간판이라도 유지할 수 있었으나 국제사회는 우리 임시정부에 냉담했다. 그런데도 김구는 임정 정통론에 목을 맸다. 김구로서는 어쩔 도리가 없었을 수도 있지만, 냉정히 보면 그것이 김구의 한계였다.

　김구가 해방정국의 핵으로 떠오른 것은 모스크바 삼상회의 소식이 알려지면서다. 잘 알려진 대로 신탁통치는 해방정국의 최대 이슈였다. 그런데 〈동아일보〉의 오보로 모스크바 삼상회의 결과가 잘못 알려졌다는 것이 지금은 상식이 되어 있다. 즉, 〈동아일보〉가 "소련이 38도선 이북을 점령할 목적으로 신탁통치를 제안했으며, 미국은 즉시 독립을 주장했다"고 보도함으로써 당시 우파가 이를 근거로 좌파를 비난했고, 좌파가 대중의 지지를 잃게 되었다는 것이다.

　〈동아일보〉의 보도는 분명 오보다. 신탁통치를 주장한 측은 미국이었으며, 소련은 그와 반대로 조속히 임시정부를 구성하자고 맞섰다. 중요한 건 미소 양국이 그런 주장을 한 배경이다. 미국과 소련 모두 자국에 유리한 결과를 낳는 방안을 주장했다.

　미·소·영·중 4개국의 신탁통치안은 1945년 2월 얄타회담에서 큰 틀이 정해졌다. 4개국 신탁통치안은 '자유 진영 3 대 소련 1'의 구도인 까닭에 소련의 영향력을 약화하고 주도권을 잡을 수 있었던 미국은 신탁통치를 주장했다. 이에 반해 소련은 자국의 점령지역에서 확실한 친소 정치체제를 구축한 뒤, 가능하다면 한반도 전체를 수중에 넣으려는 계산에서 한반도 문제를 한국인에게 맡겨 조속히 임시정부를 구성하자고 주장했다. 그것은 소련이 이미 북한 지역에서 지배체제를 확고히 구축한 상황이었기 때문에 가능한 주장이었고, 또한 협상에서 우위를 차지하기 위한 주장이기도 했다. 소련은 4개국 회담이 아니라 미국과 일대일 협상으로 한반도 문제를 처리하고자 한 것이다.

이와 같이 미국 측과 소련 측의 안이 부딪치면서 쌍방은 서로 타협할 수밖에 없었는데, 그 결과 만들어진 '모스크바협정'은 사실상 소련의 요구가 일방적으로 관철된 것이나 다름없었다. 즉, 4개국이 아니라 미국과 소련의 협상으로 한반도 문제를 해결하도록 했기 때문이다. 소련은 처음부터 자국의 점령지를 소비에트화하거나 위성국으로 만든다는 목표가 뚜렷했던 데 반해 미국은 전략적으로나 전술적으로 한반도에 대해 구체적인 목적을 가지고 있지 않았다.

모스크바협정의 한국 관련 부분은 다음 네 가지로 정리할 수 있다. 첫째, 한국을 독립 국가로 재건설하며, 민주주의적 원칙 아래 발전시키고, 일본 통치의 잔해를 빨리 청산할 조건들을 조성할 목적으로 민주주의 임시정부를 수립한다. 둘째, 연합국이 한국 임시정부의 수립을 원조·협력할 방안을 민주주의적 정당·사회단체들과의 협의를 통해 작성하고 미소공동위원회가 수행한다. 셋째, 5년 이내를 기한으로 하는 4대 강국에 의한 신탁통치 협정은 한국 임시정부와의 협의를 거쳐 4개국이 심의한 후 제출한다. 넷째, 미군과 소련군 사령부가 2주일 이내에 회담한다.

이 협정을 한마디로 요약하면 미소공동위원회가 한국의 민주주의적 정당·사회단체들과 협의해 민주적 임시정부를 수립하고, 그 임시정부와 5년 이내의 신탁통치 방안을 만든다는 것이다. 4개국이 심의한다는 조항이 있지만 미국과 소련의 합의가 중요할 뿐 4개국 심의는 별 의미가 없다고 보아도 무리가 없다.

　모스크바협정은 1945년 12월 28일(현지 시각) 발표되었다. 이 소식이 알려지자 대대적인 반탁운동이 일어났다. 잘 알려져 있듯 반탁운동은 이승만과 김구가 주도했지만, 반탁운동에 임하는 두 사람의 의도는 전혀 달랐다.

　반탁운동은 미군정을 곤혹스럽게 만드는 일이었다. 하지만 이승만은 미군정과의 갈등 따위는 신경 쓰지 않았다. 미군정은 이승만의 가치를 가장 잘 알아주고 높이 산 데다 미국과 갈등하고 반목하는 것이 정치적으로 득이 될 리 없었지만, 이승만은 반탁운동을 넘어 근본적으로 미소공동위원회를 파탄하려 들었다. 왜 그랬을까. 다음 설명이 이해에 도움을 준다.

> 　그는 철저히 믿기를, 소련은 전 한반도를 얻게 될 기회가 보장되지 않는 한 38선을 철폐할 의도가 전연 없다, 그래서 어떤 형태로든 소련이 남한에 발을 붙이게 하면 그것은 결국엔 전 국토를 소련에 넘겨주는 결과를 가져온다는 것이다. 그의 반소·반공정책과 남한 단독정부 수립안은 그런 것을 두려워하며 크게 경계하는 데서 나온 것이다. 이런 경계심에는 한국이 얄타회담에서 비밀리에 국제적으로 소련의 세력권으로 넘겨졌다는 가정이 뒷받침하였다.
>
> 　모스크바 삼상회의의 한국 신탁 결정은 그런 비밀 협정의 구체적 표현으로, 만약 신탁을 받아들인다면 그것은 소련과 공산

　　　　김구, 만들어진 신화

당이 쉽게 전 한국을 지배할 수 있는 길을 열어주는 것이라고 그
는 믿었다.

이러한 견지에서 볼 때 그 당시 이승만의 시급한 눈앞의 목적
은 수단 방법을 가리지 않고 소련이 남한에 들어오지 못하게 하
여 남한만이라도 소련 세력권으로부터 지키려고 한 데 있었다고
해도 결코 무리는 아닐 것 같다. 그래서 그 당시 이승만의 목적
은 적어도 남한만이라도 지키려는 데 있었던 것이며 그는 소련
과의 협상이, 그리고 공산당과의 연립정부 추구가 결코 한국의
통일방법이 될 수 없다고 믿었다. 한반도는 미·소 양군에 이미
분할 점령되어 미·소 양 세력권이 남과 북에 각각 형성되어 있
는 이상 그들과의 협상이나 타협으로 한국의 통일 문제가 해결
될 수 있을 것이라고는 생각지 않았다.[07]

이승만은 미국이 소련과 협상하면 필시 소련에 양보할 것이
고, 그 양보가 소련의 입지를 강화해주어 미국이 또다시 양보함
으로써 결국은 공산주의 정권이 들어선 동유럽 사례를 보고 한
반도에서도 같은 결과가 나올 것을 우려했다. 폴란드, 루마니아,
불가리아, 헝가리, 체코슬로바키아 등에 공산정권이 들어서는 과
정을 보며 이승만은 미국을 미덥지 않게 여겼다. 그래서 반탁운
동으로 미소공동위원회를 깨뜨리려 한 것이다.

---

07    이호재,「민족통일을 위한 내적 노력과 좌절 과정」,『분단전후의 현대사』, 일월서각,
      368~369쪽.

이승만과는 달리 김구는 임정 정통론이라는 양보할 수 없는 토대 위에서 반탁운동을 밀어붙였던 것으로 보인다. 다시 말해 신탁통치가 임정 정통론, 곧 김구 자신의 정치적 주도권을 위협하는 것이라고 보아 이를 저지하려 했던 게 아니냐는 것이다. 김구는 충칭 임정을 자신과 동일시하고 있었다.

김구 또한 미군정과의 갈등을 마다하지 않았다. 하지만 그는 현실을 무시했고, 국제정치에도 무지했으며, 그의 정치적 판단은 미숙하기 짝이 없었다. 그 탓에 미군정청에 근무하는 한국인 관리들과 경찰들에게 임시정부 포고령을 내려 행정기능을 마비시키는 무리수를 범함으로써 미군정으로부터 쿠데타 주범으로 낙인찍히고 말았다. 임정 명의의 포고령이 당장은 김구의 힘을 과시하는 매우 좋은 수단이 되었을지 모르지만, 한 치 앞도 내다보지 못하는 짧은 식견과 정치적 미숙함을 스스로 드러낸 데 지나지 않았다. 또 그는 한반도 문제가 국제정치의 역학관계 속에서 처리될 수밖에 없다는 점을 알지 못한 채 한국인 스스로 결정하면 된다는 단순 무식한 사고 안에 갇혀 있었다. 그러는 바람에 김구는 정치적으로 자기 발목을 잡는 결과를 낳고 말았다.

김구가 결정적으로 정치적 위기를 맞은 건 장덕수張德秀 암살 사건에 연루되면서다. 김구는 이미 송진우宋鎭禹, 여운형呂運亨 암살 사건 배후로 의심을 받아온 터였다. 송진우는 1945년 12월 29일 밤, 경교장京橋莊에서 임시정부 요인들과 다음 날 새벽까지 회담하며 미군정청과는 충돌을 피할 것, 반탁에 대해서는 원칙적으로 동의하지만 신중할 필요가 있다는 점을 피력했다. 그러고는 자택으로 돌아온 뒤, 오전 6시 한현우韓賢宇 등 6명의 습격을 받고 자택에서 피살당했다.

참으로 공교로운 일이라 하지 않을 수 없다. 송진우는 미군정이 남한에서의 유일한 권력기관이라는 것과 국제적 역학 관계상 모스크바협정이 통일정부를 수립하는 데 마냥 반대만 할 일은 아니라는 점을 설득하려 했다가 김구의 분노를 샀을 것으로 보인다. 더욱이 한현우는 김구 계열의 인물이다. 그러니 김구가 암살 배후라는 의심을 살 수밖에 없었다.

여운형은 미군정의 지원을 받는 가운데 김규식과 함께 좌우합작운동을 벌였던 인물이다. 그는 미소공동위원회의 성공을 위해 노력하다가 1947년 7월 19일 한지근에게 암살당했다. 그런데 그 한지근이 송진우 암살 주범인 한현우의 집에서 김구가 배후로 지목되는 테러조직 '백의사'[08]의 염동진 등과 접촉한 바 있으며, 염동진이 무기를 제공했다는 증언이 있다. 이 사실에 비추어 볼 때 여운형 암살의 배후에 김구가 있는 게 아니냐는 의심을, 당시는 물론 지금도 사고 있다.

김구 입장에서 미소공동위원회의 성공은 곧 신탁통치에 이르

---

08  '백의사白衣社'는 1945년 11월경 염동진廉東振이 월남한 반공 청년·학생들을 중심으로 조직한 테러단체다. 명칭은 중국 국민당 장제스 휘하의 반공 결사체 남의사藍衣社를 본뜬 것으로, 백의민족白衣民族을 상징하는 의미가 담겨 있다. 해방정국의 주요 암살 사건에 개입한 것으로 알려진다.

는 길이고, 그것은 임정 정통론이 무너지는 것을 의미하므로 여운형은 눈엣가시 같은 존재이자 제거 대상이라고 여겼을 소지가 크다. 그게 아니더라도 여운형은 임정을 많은 독립운동 단체 중 하나로 여겼을 뿐 유일한 법통을 지닌 '정부'로 인정하지 않았으며, 충칭 임정의 환국을 기다려야 한다는 송진우와 달리 좌파 진영을 중심으로 '조선인민공화국'을 선포했던 것도 그런 이유에서다. 이래저래 여운형 암살 배후로 김구가 의심을 살 수밖에 없었다.

이런 가운데 1947년 12월 2일 한민당의 이론가이자 전략가인 정치부장 장덕수가 피살되었다. 범인 박광옥과 배희범은 사건 발생 이틀 만에 검거되었다. 박광옥은 경사 계급의 현직 경찰이었고, 배희범은 연희대 3학년 학생이었다. 두 사람은 범행 일체를 자백했다. 그런데 〈조선일보〉 1947년 12월 5일 자(2면)가 장덕수 암살 범인 체포 소식 및 "배후의 흑막을 밝히라"는 제목의 의견 기사 외에 사건과 관계 있는 직접적인 소식을 다루지 않은 데 반해, 같은 날 〈동아일보〉 2면은 온통 사건과 직접 관련이 있는 기사로 도배되어 있다는 점이 두드러진다. 그중 특히 눈에 띄는 것은 "가슴에 쓰인 혈서, '장덕수 암살', 사건 의외 방면에 확대?"라는 제목의 기사다. 다음은 기사 전문이다.

이번 사건의 배후가 미묘히 되어가고 있는데, 범인 박 경사의 집에서 나온 한 장의 사진이 중대한 증거물로 의외의 방면으로 사건이 전개되고 있다. 그에 관계가 되고 있는 듯하다. 그런데 그

　　　　　　　　　　　　　　김구, 만들어진 신화

한 장의 사진이라는 것은 앞에 쓴 박 경사와 배, 양인이 가슴에 혈서로 장덕수 씨를 암살하겠다는 것을 써놓고 의사(義士)의 풍채로 박은 것인데, 이것으로 배후에 교사한 사실까지 드러내게 되었으므로 범인을 체포하자 곧 그 방면으로 형사들이 출동하게 된 것으로 보아 앞으로 이 사건은 확대될 것이 예상된다.

범인 두 사람이 장덕수를 암살하겠다는 혈서를 가슴에 써 붙이고 사진을 찍음으로써 의사義士의 모습을 연출했는데, 이러한 점이 배후 교사 사실까지 드러내게 되어 그 방면으로 형사들이 출동했다는 것이다. 범인들이 이봉창·윤봉길 의사와 같이 우국충정으로 범행을 감행했음을 과시했으며, 따라서 두 의사의 거사와 관련 있는 김구를 배후로 의심하여 형사들이 그 방면, 곧 김구의 한독당(한국독립당)으로 출동했다는 얘기다.

〈조선일보〉와 달리 〈동아일보〉가 이런 기사를 실었다는 사실은 한민당의 실력자 김성수가 〈동아일보〉의 설립 주역이자 당시에도 영향력이 큰 고문이었다는 점 외에도 배후에 김구가 있으리라 확신하고 있었음을 보여준다. 〈동아일보〉가 아무 근거 없이 이런 기사를 실었을까. 그렇지 않았다는 것은 이후 상황이 말해준다.

1947년 12월 16일, 경찰은 장덕수 암살 사건으로 김석황을 지명수배했으며, 배후와 관련해 엄항섭과 조소앙을 13일 소환해서 15일부터 조사에 들어갔다고 발표했다. 김석황은 일제 식민지 시대 갑부 최창학의 저택 경교장을 김구가 쓰도록 주선한 인물로 한독당의 중앙위원이었고, 엄항섭과 조소앙은 충칭 임정 시절부터 한독당의 핵심 인사였으므로 한독당은 정치적으로 치명적인 타격을 입었다. 특히 김구는 의혹의 시선을 피할 수 없게 되었다.

김구를 더욱 당혹스럽게 한 것은 조소앙이 12월 20일 "모든 정치적·사회적 관련성을 끊고 은퇴한다"는 성명을 발표한 일이었다. 조소앙의 정계 은퇴는 수사가 한독당을 바짝 죄어오는 상황에서 불가피한 선택이었을 것으로 보인다. 그것은 암살 공범들이 속한 '대한학생총연맹'과의 관계 때문이다. 대한학생총연맹은 1947년 6월 암살 공범인 최중하, 조엽 등이 김구를 총재로 하여 조직한 단체로 ① 임시정부를 법통으로 살리고, ② 임정을 보호 육성하며, ③ 이북의 적색 마적을 분쇄하고, ④ 남한의 단독정부 음모를 분쇄한다는 내용을 강령으로 했다. 조소앙은 엄항섭과 함께 이 조직의 명예 위원장으로 추대되어 있었다.[09]

1948년 1월 16일 김석황이 체포되었다. 이어 2월 21일에는 김석황, 조상항, 신일준, 손정수, 김중목, 최중하, 박광옥, 배희범, 조엽, 박정덕 등 10명이 기소되어 재판이 진행되었다. 조소앙의 정계 은퇴는 장덕수 암살과 자신이 직접적 관계가 없다 해도 정치적 책임을 진다는 의미로 해석할 수 있다. 하지만 김구는 자신이

---

09  한국반탁반공학생운동 기념사업회, 『한국학생건국운동사』, 495~496쪽.

    김구, 만들어진 신화

총재인 데다가 김구 개인의 선전부장이라 할 수 있는 최측근 엄항섭이 명예 위원장일뿐더러 그 자신이 사건과 관련이 깊었지만 정계에서 물러날 뜻이 전혀 없었다.

재판에서 드러난 김구와 사건의 관련성은 분명했다. 2면 전체를 할애해 재판에서 이루어진 범인들에 대한 심문을 전한 〈동아일보〉 1948년 3월 8일 자 "종일토록 진술서 낭독, 망연자실한 방청석"이라는 제목의 기사를 보면 김구가 사건의 분명한 배후라고 해도 과언이 아님을 알 수 있다. 다음은 그 기사다.

### 종일토록 진술서 낭독, 망연자실한 방청석

장 씨(장덕수 – 저자) 사건 군재(軍裁)

장 씨 사건 군정 재판 5회. 오전은 8일 상오 9시 6분에 개정하였다. 이날은 피의자들의 진술서(국문) 낭독으로 시작되었는데, 먼저 김석황 진술서를 낭독하고 장덕수 씨를 알았었다는 것과 대한혁명단 조직에 관계된 경과를 밝히고 조사 당시 처음에는 사실을 부인하였으나 신일준을 대면시키고 문초한 결과 하는 수 없었던가 김구 씨의 지령으로 장 씨 살해를 혁명단원에게 전달하였다는 말이 다음과 같이 기록되어 있다. 김구 씨 말에 "한민당 놈들은 나쁘고 더구나 공위(미소공위 – 저자)에 참가한 장덕수, 배은희는 죽여야 한다"고 1947년 9월 상순 죽첨동 경교장 김구 씨 침실에서 단둘이 이야기하였다. 그리하여 나는 그 발로 시내 경원여관에서 박광옥, 신일준 등에 말하였고, 그다음 날 이를 직접 김구 씨로부터 듣고 싶다는 신일준, 김중목, 조상항, 손정수와 같이 김구 씨를 방문하였는데, 그때에도 "이승만 박사 앞에서 일하며 소란하게 하고 있는 장덕수, 배은희, 명제세를 죽이지 않으면 안 된다"는 말을 들었다. 이곳까지 낭독이 끝났을 때 정내(廷內)는 무거운 침묵 속에 긴장과 흥분의 공기가 돌았다. 그리고 이로써 사건의 진상이 분명하다는 것을 알게 됨인가 방청인들은 서로 얼굴을 쳐다보며 눈짓을 한다.

(중략)

## 김석황 진술

**문:** 당신은 기독교인인가?

**답:** 예.

(중략)

**문:** 김구 씨가 언제 무슨 일로 금전을 당신에게 준 일이 있는가?

**답:** 예, 여러 번 그분이 저에게 생활비로 준 일이 있습니다만 월급은 아니었습니다.

(중략)

**문:** 장덕수 씨를 죽이라고 신일준, 조상항에게 김구 씨의 지령을 전할 때 당신이 그 사람들에게 더한 말이 있지 않은가?

**답:** 만약 그 사람들이 나를 신용 못 한다면 김구 씨에게 가보고서 그 지령이 사실인지 아닌지 알아보라고 그 사람들에게 말하였습니다.

**문:** 그때 김구 씨를 만나봤는가?

**답:** 우리 4인이 김구 씨 침실에 가서 만나봤는데 그분은 교자에 앉아 계셨습니다.

**문:** 신일준, 조상항, 손정수를 위해서 이 지령을 증명해달라고 김구 씨에게 물어봤는가?

**답:** 나는 그 사람들에게 지령을 증명해달라고 말씀을 여쭈었습니다.

**문:** 김구 씨가 무슨 말을 하여 증명했는가?

**답:** 김구 씨는 장덕수, 배은희, 이종영은 나쁜 놈들이니까 그놈들은 숙청하라고 우리들에게 말씀하셨습니다.

**문:** 김구 씨가 제일 처음 당신에게 지령을 줄 적에 그분이 장덕수 씨를 죽이라고 하는 말을 신일준과 그 외 두 사람에게 자기의 지령을 증명할 때도 말했는가?

**답:** 아닙니다. 장덕수, 배은희, 이종영을 죽이라고는 말씀 안 하셨습니다. 장덕수, 배은희, 이종영은 죽일 놈들이라고 말씀하셨습니다. 나는 이 말씀이 나에게 직접 주신 지령을 증명하는 데 충분하다고 생각하였습니다. 그래서 나는 죽이라는 명령을 해달라고 그분에게 청하지 않았습니다.

**문:** 김구 씨가 장덕수 씨를 죽이는 것을 원한다는 것을 확인한 후에 당신네 4인은 무엇을 하였는가?

**답:** 본인은 김구 씨가 지령을 처음 하신 것과 같이 장덕수 씨를 죽이라는 것을 여전히 원하신다는 것을 확실히 알았습니다. 우리 4인 신일준, 조상항, 손정수, 본인이 김구 씨 댁 2층에서 계단

을 내려올 적에 나는 그 3인에게 이와 같이 말하였습니다. "전일 내가 당신들에게 말한 바와 같이 김구 씨가 장덕수 씨를 죽이는 것을 말하였습니다."

**문:** 장덕수 씨 살해와 관련해 무슨 보고를 드렸는가?

**답:** 3일 후에 김구 씨를 만나보고 김중목이가 장덕수 씨를 죽인다고 말했습니다. 그랬더니 "아 그런가"라고 말씀했습니다.

(중략)

**문:** 조선 경찰이 김구 씨에게 보내려던 원지(原紙)를 당신에게서 발견했다는데 그 편지 내용은 무엇인가?(강조점은 저자)

**답:** 나는 다른 사람한테나 김구 씨한테나 보낸다는 이름은 쓰지 않았습니다. 인편이 있는 대로 김구 씨에게 보내려 하던 중이었습니다.

(후략)

이 진술을 보면 장덕수 암살 배후에 김구가 있었음이 분명하다. 김구가 비록 신일준, 조상항, 손정수 등 범인들에게 "장덕수를 살해하라"고 직접적으로 말하지 않았다고 하나 김석황이 지령을 증명해달라고 요청한 사실, "장덕수, 배은희, 이종영은 나쁜 놈들이니 숙청하라"고 했을 뿐 아니라 "죽일 놈들"이라고 말함으로써 사실상 살해 지령을 내렸고 범인들도 김구의 말을 살해 지령으로 이해했다는 사실, 그리고 김구가 그의 침실에서 김석황에게 살해 지령을 내렸다는 사실까지 확인된다. 다만 직접적인 지령의 증거는 김석황의 진술뿐이어서 김구가 부인하면 달리 입증할 방법이 없었을 뿐이다.

여기서 잠깐 앞의 진술에서 강조한 부분, 즉 "김구 씨에게 보내려던 원지를 당신에게서 발견했다는데 그 편지 내용은 무엇인가"라는 대목에 대해 살펴본다. 이는 범인들이 김구를 어떻게 생각하고 행동했는지, 그와 동시에 김구가 해방정국에서 자신의 위상을 어떻게 생각하고 있었는지를 짐작하게 하는 단서를 제공하기 때문이다. 다음은 편지 내용이다.

> 선생님께서 대권(大權)을 잡으실 때까지 소생은 유리개걸(流離丐乞: 떠돌아다니며 빌어먹음 – 저자)하기로 하였습니다. 엎드려 비옵건대 선생님은 기어코 대권을 잡으십시오. 대권은 반드시 선생님께 돌아갈 것입니다.
>
> 선생님은 천명을 받으셨으니 소생은 잡힐 리 만무합니다. 이 박사(이승만)와 한민당 찬역배(纂逆輩: 반역집단 – 저자)가 음모(陰謀)를 하오니 선생님은 특별히 신변을 조심하십시오. 대권이 이 박사에게 가면 인민이 도탄에 빠지고 애국자의 살상이 많이 날 것입니다. 선생님은 이 대권을 추호도 사양하지 마시고 기어코 대권을 잡으십시오.[10]

---

10 〈동아일보〉 1948년 1월 20일 자.

　해방정국에서 장덕수는 매우 현실적 안목을 지닌 몇 안 되는 유력 인물 중 하나였다. 그는 일본에서 대학 학부 과정을 마치고 미국 컬럼비아 대학교에서 박사학위를 받은 데다 영국 유학까지 거치며 정치, 경제 등 다양한 분야에서 당대 최고라 할 만한 학문을 쌓은 인물로, 한민당의 전략가로 활약했다. 그는 김구의 경직된 반탁 및 외골수 임정 정통론에 부정적이었으며, 남한에서도 (북한과 같이) 위원회 같은 조직을 만들어야 한다는 이승만의 노선을 지지했다.

　특히 한독당은 장덕수를 한독당과 한민당의 합당을 결렬시키는 장본인으로 여기고 있었다. 따라서 김석황의 진술에서 확인할 수 있듯 김구에게 장덕수는 숙청 대상이었으며, 김석황의 진술에 따르면 김구는 김석황에게 직접 살해 지령을 내렸다. 직접적인 지시가 없었다고 해도 범인들이 김구의 말을 암살 지령으로 이해했다는 점은 분명하다. 더욱이 김석황은 김구가 대권을 잡는 데 자신의 모든 것을 걸었으며, 김구의 대권 가도에 걸림돌이 된다고 판단되는 장덕수를 제거했다.

　김구는 자신의 충직한 '부하' 김석황이 이런 생각을 하고 있다는 것을 몰랐을까. 그렇게 생각하기는 어렵다. 김석황이 자신의 충정을 숨기려 하기보다는 오히려 애써 김구에게 알리고 공감을 끌어내려 했다고 보는 게 상식적이다. 그 때문에 앞의 진술에서와 같이 김석황은 김구에게 '김중목이가 장덕수 씨를 죽인다'고 보고했던 것이며, 이에 대해 김구는 놀라거나 질책하는 대신 '아



김구, 만들어진 신화

그런가'라고 만족스러워한 것이다.

여기서 한 가지 짚고 넘어가자. 지금까지 한국 사회에서 김구
는 민족통일을 위한 순백의 영혼으로 선전되고 신화화되어왔다.
하지만 김석황의 진술에서 확인할 수 있는 바와 같이 실제 그의
모습은 전혀 다르다. "죽일 놈들!"이라거나 "숙청하라" 등의 거친
말은 정치 지도자보다는 테러조직의 우두머리에게나 어울리는
언어다. 그런 언어는 테러도 마다하지 않는 김구의 비인간적인
면모를 여실히 보여준다.

그는 해방정국에서 정치적 주도권을 열망했고, 그것은 김석황
이 말한 '대권'을 향한 것이었다고 볼 수 있다. 정치인이 정치적
주도권을 잡으려 하고 대권을 꿈꾸는 것을 부정적으로 볼 이유
는 없다. 정치인이라면 누구나 정국의 중심이 되려 하고, 궁극적
으로 그리고 가능하다면 대권까지 잡고 싶어 하는 것이 자연스
럽다. 김구 역시 한 사람의 정치인으로서 그런 태도를 보였다고
해서 나쁘다고 말할 수는 없다.

물론 정치인이 비정상적이거나 불법적인 방법으로 정치적 야
심 또는 목적을 달성해도 좋다는 뜻은 아니다. 더욱이 테러라는
반문명적이고도 비인간적인 술수를 아무렇지도 않게 생각한다
는 것은 있을 수도 없거니와 용납할 수도 없다. 김구는 이런 잣대
로 볼 때 정치인, 특히 정치 지도자로서는 실격이라 할 수밖에 없
는 인물이었다. 그런데도 한국 사회에서는 김구가 한 사람의 정
치인 또는 정치 지도자를 넘어 민족지도자로 각인되어 있다. 그

래서 김구를 객관적으로 평가하자는 주장은 신성불가침의 영역을 침범하는 것으로 인식되어왔다. 그는 오로지 찬양의 대상이어야만 하고, 그에 대한 비판은 민족에 대한 배반으로 여겨졌다. 그 때문에 정치적 야망과 독선, 단선적 사고, 목적을 위해서라면 수단과 방법을 가리지 않는 잔인함 등 김구의 실체는 가려져왔다.

장덕수 암살로 김구는 기어이 재판정에 서게 되었다. 해방정국에서 이승만에 버금가는 정치적 위상을 지녔고, 우파 진영의 두 거두 중 한 사람이었지만 범행을 주도한 김석황과 그 일당의 진술이 분명하게 김구가 배후임을 지목하는 상황에서 그것은 피할 수 없는 일이었다.

1948년 3월 12일, 김구는 군법률 재판 공판정에 증인으로 불려 나왔다. 말이 증인이지 피의자나 다름없었다. 명색이 충칭 임시정부 주석이자 해방공간에서 이승만과 함께 우익의 거두로 꼽히던 사람이 암살 사건 법정에 불려 나오다니, 〈동아일보〉의 보도대로 방청석에 앉아 있던 사람들은 망연자실했다.

물론 김구는 혐의를 부인했지만, 비록 증인석이라고 해도 법정에 소환되었다는 사실 자체만으로도 그는 정치적으로 치명상을 입었다. 장덕수 암살 사건으로 인해 사실상 김구의 정치생명은 끝나가고 있었다. 김구는 비상구가 필요했다. 그가 정국의 중심에 서려면 뭔가 다른 길을 찾아야만 했다.

# 김구의 갈지자 행보

해방정국에서 김구가 보인 행보는 도무지 이해하기 어렵다. 그가 어떤 가치를 추구하고 그것을 이루기 위해 어떤 길을 가려 했는지, 그의 머릿속에 어떤 구상이 있었는지 짐작할 만한 것은 하나도 찾을 수 없다. 이른바 남북협상이라는 것을 하겠다고 나선 것도 직전까지 이승만과 보조를 같이할 것처럼 하다가 갑자기 돌변한 것이었다. 김구의 그런 갈지(之)자 행보는 환국 초기부터 반공·반소 노선으로 일관하며 남한만의 단독정부를 세우려 한 이승만과는 크게 대비된다.

이승만의 노선을 흔히 단선·단정 노선이라고들 하지만, 이승만이 통일정부를 지양했던 건 아니다. 그는 미국과 소련이 합의해 통일정부를 수립할 경우 한반도 전체가 소련의 지배 아래 들어갈 위험이 크다고 보았고, 따라서 먼저 남한에 자유민주 체제의 정부를 세운 뒤 북한을 소련의 손아귀에서 해방하는 게 불가피하다고 보았다. 이것은 북한을 공산화한 뒤 그 토대에서 한반도 전체를 적화한다는 소련의 구상(김일성의 구상이 아니다), 곧 '민주기지론'과 같은 맥락에서 이해할 수 있다.

잘 알려진 대로 미소공동위원회가 실패로 돌아가자 미국은 한국 문제를 유엔에 이관했다. 그리하여 유엔총회가 한반도에서 유엔 감시하의 총선을 결정하고 1947년 11월 14일 한국 문제를 해결하기 위해 유엔한국임시위원단이 구성되었을 때조차 이승만

은 이를 기다리지 않고 조속히 총선거를 실시해야 한다고 주장
했다. 다음은 이승만이 1947년 11월 26일 발표한 성명이다.

> 세계 모든 점령국과 전망국(戰亡國)까지도 다 총선거를 행하여
> 국권을 찾았으되 홀로 우리는 아직까지 외국군 정부하에서 전
> 망국보다 심한 대우를 받고 있으니 우리가 이것을 감수하고 남
> 의 처분이나 기다리고 앉았으면 장차 무슨 대우가 올는지 모를
> 것이다.
>
> 소위 해방 이후 모스크바 삼상 결정이 변할 수 없는 법이요,
> 신탁통치가 독립의 유일한 노선이며, 공산파와 합작하지 않으면
> 정부를 수립하지 못한다는 등 무조리(無條理)한 언론을 우리가 다
> 거부하고 민족자결주의를 발휘하여 분투한 결과로 지금 이것이
> 다 삭제되고 말았으니 우리 독립 전선에 많은 성공이다. 소위 미
> 소공위가 재차 실패된 후는 즉시 총선거를 실시하여 남한에 독
> 립정부를 세워서 정권을 우리에게 맡기고 우리와 합작하여 소련
> 군의 철퇴를 도모할 것이어늘 하지 중장은 종시 자기주장을 버
> 리지 못하고 백방으로 핑계하여 총선거를 막으며 민의를 불원
> (不願)하고 중간파를 지지하여 민족 분열의 색태(色態)를 세인 이
> 목에 보이게 되며 괴뢰정부를 연장하여 자기들의 권위를 공고케
> 하려는 중이다. (후략)[11]

---

11 〈동아일보〉 1947년 11월 27일 자.

이 성명에서 이승만은 미소공위가 다시 실패했으니 즉각 총선 거를 실시해야 한다고 주장했다. 그는 유엔한국임시위원단을 기다려야 한다는 하지를 맹비난하며 미군정을 괴뢰정부라고까지 몰아붙였다. 이승만의 이러한 주장은 UN을 통한 정부 수립 자체를 반대하는 것이라기보다는 가능한 지역, 곧 남한에서의 총선거를 기정사실로 만들려는 의도에서 나온 것으로 생각된다.

주목할 것은 그가 단독정부라고 하지 않고 독립 정부라고 했다는 점인데, 김구도 이에 동의하고 있었다. 〈조선일보〉 1947년 12월 2일 자는 "이 박사와 김구 씨 합의"라는 제목의 기사를 통해 김구가 11월 30일과 12월 1일 이화장으로 이승만을 방문해 당면문제에 대해 약 1시간 요담한 사실을 전하면서, 측근을 인용해 이승만의 '독립 정부 수립' 견해에 대하여 이승만과 김구가 완전 의견 일치를 보았다고 보도했다. 이 기사의 부제목 '남조선 총선거로 공동보조인가'에서 보듯 김구는 이승만과 보조를 같이하고 있었다.

그 바로 옆 기사는 "남조선 선거 추진 – 이 박사·김구 씨 연설" 제목으로 국민의회[12] 제44차 임시대회에 참석한 이승만과 김구의 연설 내용을 전하고 있다. 이승만은 "동포는 시급히 한 덩어리로 뭉쳐서 조속히 남조선 총선거로써 우리 정부를 수립하여야 할 것이며, 이로써 국권을 회복한 후 남북통일을 할 것"이라는 요

---

12　미군정에 한국인의 의사를 전달하기 위해 1946년 2월 8일 이승만과 김구 주도로 조소앙을 의장으로 하여 조직한 '비상국민회의'가 개편된 조직.

지의 치사를 했고, 이어 김구는 "과거 남조선 총선거를 단정 수립이라 하여 다르다고 하였으나 우리 민족이 전체 통일 방면으로 나아가는 데 있어서는 다른 점이 없으며, 이 박사가 주장하는 바와 조금도 다른 점이 없으니 이 길로 우리는 나아가야 한다"는 내용의 연설을 했다.

이를 보면 김구는 이승만에게 밀착해 있었음을 알 수 있다. 김구는 이승만과 회담한 뒤 11월 30일 담화를 발표해 현안에 대한 자신의 입장을 명확히 밝혔다. 그 소식을 전하는 기사는 앞의 기사 바로 밑에 배치되어 있다. 다음은 "국련國聯 결정 지지 ─ 김구 씨 중대 견해 발표"라는 제목의 기사 중 정부 수립에 대한 대목이다.

> 우리는 자신으로서 즉시에 절대적 자주이며 남북을 통한 통일적인 독립 정부를 우리나라에 수립하기를 요구한다. 그러나 우리가 원하지 않는 국제적 제재(남북한 총선거를 실시할 수 없는 상황─저자)가 있는 이상 우리가 우리의 요구를 달성하는 데 있어 국제적 제재를 합법적으로 제거하는 것이 제1 조건이 되지 않을 수 없다. 우리는 한국에 대한 UN 결정을 대체로 지지하는 바이다.
>
> 만일 소련의 방해로 북한의 선거가 불가능할지라도 후일에 실시할 조건으로 의연히 총선거 방식으로 정부 수립을 하여야 된다. 이는 단독정부가 아니며 법리상으로나 도의상으로나 국제관계상으로 보아 통일정부(강조점은 저자)일 것이다. 이승만 박사의

주장도 결국 나의 주장하는 바와 동일한 것인데 세인은 이를 오
해하고 있다.


여기서 보듯 김구는 이승만이 주장하는 독립 정부가 단독정부
가 아닐 뿐만 아니라 '통일정부'임을 분명히 밝히고 있다. 그리고
애써 이승만의 주장과 자신의 주장이 동일한데 세상 사람들이
이를 오해하고 있다고 강조한다.

이러한 김구의 태도는 그 얼마 전에 보인 것과는 판이했다. 〈조
선일보〉는 1947년 11월 24일 자에서 "남조선 선거는 국토 양분의
비극 초래"라는 제목으로 김구의 담화를 보도했다. 다음은 그 보
도 내용이다.


一. 남조선 단독선거에 대하여

(가) 군정하에 대의원 선거는 결의권이 없는 이상 아무 효과

가 없을뿐더러 그 결과는 민족 분열을 초래한다.

(나) 국련(國聯) 결정의 소련 측 거부로 인한 남한만의 선거는

국토를 양분하는 비극이다.

二. 국련 조선 문제 결정에 대하여

우리 대표의 참가가 없이 자세한 내용은 알 수 없으나 구체적

표시가 있을 때까지 태도를 보류하겠다.

三. 각정당협의회에 대해 앞으로 각 정당 단체 간의 합의가 있을

때까지는 구체적인 기구를 조직할 필요가 없다고 본다.

이 담화를 보면 김구는 불과 1주일 전만 해도 이승만과는 전혀 다른 입장이었음을 확인할 수 있다. 그는 "남한만의 선거는 국토를 양단하는 비극"이라고 담화까지 발표했다. 그러고는 1주일 뒤 자청해서 이화장으로 이승만을 찾아가 '독립 정부' 수립론에 함께하겠다는 뜻을 전한 것이다. 1주일이라는 짧은 시간에 무슨 일이 있었기에 김구가 이처럼 왔다 갔다 했던 것일까.

김구의 이런 갈팡질팡하는 행보는 그의 정치적 입지와 긴밀히 맞물려 있다. 김구는 당시 정치적으로 거의 주도권을 잃은 상태였다. 환국할 때만 해도 충칭 임정 주석이라는 후광이 그를 거물로 만들었고, 곧바로 이승만과 함께 반탁운동의 중심에 서면서 그는 좌우 진영을 망라해도 이승만에 버금가는 위상을 지녔다. 하지만 거기까지였다.

미소공동위원회의 파탄은 언뜻 보아 반탁운동의 성공인 듯 보였지만 거꾸로 반탁운동이 더 이상 정치적으로 유의미하지 않게 되었다는 뜻이기도 했다. 이는 다시 말해 김구가 정국을 주도할 명분과 영향력을 잃게 되었음을 뜻한다. 반탁운동의 불길이 맹렬한 기세로 타오를 때는 분명히 김구가 정국의 중심에 있었지만, 그 불길이 사위어가자 김구의 영향력도 함께 사그라들었다. 그것이 정치인으로서 김구가 지닌 한계였다.

앞에서 언급한 대로 이승만의 반탁운동은 소련 배제를 위한 것이었다. 그는 미국이 소련과 협상해 통일정부를 수립한다는 것은 한반도 전체가 소련의 수중에 들어가는 것을 의미하는 것으로 생각했다. 그래서 미소 양국의 협상 기구인 미소공동위원회에 협조하지 않았을 뿐만 아니라 이를 방해하고 심지어 깨뜨리려 했다. 따라서 미소공동위원회의 결렬은 이승만의 정치적 승리였 다고 할 수 있다.

김구의 반탁운동은 지향점이 없었다. 임정 정통론은 현실적 으로 지향점이 될 수 없었다. 그런 점에서 김구의 반탁운동은 맹 목적이었다고 봐야 한다. 그뿐 아니라 김구는 큰 그림을 그리지 못했다. 이승만이 한국 문제를 미국과 소련의 협상을 통해서가 아니라 UN에서 결정해야 한다고 주장해 관철한 것과는 대조적 이다.

1947년 말에 이르자 김구는 정국이 이승만의 의도대로 흘러가 고 있음을 깨달았다. 남한의 실권자인 하지 중장의 노골적 적대 에도 굴하지 않고 이승만은 흔들림 없이 자신의 통찰과 의지에 따라 정국을 이끌고 있었다. 김구는 그러한 이승만에 편승하는 게 낫다고 생각했을 것이다. 김구는 늘 이승만을 자기의 앞자리 또는 윗자리로 모시는 모습을 보였지만, 속내는 이승만을 넘어서 고자 했던 것이 틀림없다.

김구는 뒷날 임정 주석에까지 올랐지만 상해임시정부 초대 대 통령과 경무국장으로 설정된 이승만과의 관계는 해방 이후에도 어찌할 수 없었다. 게다가 하지 중장보다 한 단계 높은 차원에서 정국을 이끌어가는 이승만과 영향력을 급속히 잃어가는 자신을 비교하면서 김구는 이승만에게 기대려 했던 것 같다. 이런 해석

외에는 11월 24일 담화에서 180도 돌아선 30일의 담화를 설명할 마땅한 길이 없어 보인다.

김구가 큰 그림을 그리지 못한 채 우왕좌왕한 것은 그의 지적 빈곤과 관련이 있다고 본다. 모두가 아는 대로 김구는 이렇다 할 학문적 기초를 다지지 못한 인물이다. 한독당의 기본 노선이나 정치철학의 바탕도 김구가 아니라 조소앙에 의해 이루어졌다. 그러다 보니 역사의 도도한 흐름을 읽어낼 역량을 갖추지 못한 상태에서 역사의 급류에 떠내려가는 처지가 된 것이다. 1930년대 이후 곁에서 보필하며 김구를 독립운동의 중심인물로 만들고 김구 우상화에 결정적 역할을 한 최측근 엄항섭이 김구가 정치적 입장을 피력할 때마다 도왔겠지만, 지적 빈곤으로 인한 통찰력 부족까지 가려주기에는 역부족이었다.

지적 빈곤으로 인한 통찰력 부재와도 관련이 있겠지만 김구의 그릇 크기나 지도력도 의문을 사기에 충분하다. 그것은 임정 요인들이 환국한 뒤 김구를 중심으로 뭉치지 않고 각자 다른 길을 걸었다는 점에서 확인된다. 임정 부주석 김규식 계열 인물들이 민족자주연맹으로 떨어져 나갔고, 임정 군무부장 김원봉과 좌파 계열 인물들은 공산당 주도의 통일전선 조직인 민전(민주주의민족전선)에 합류했으며, 광복군 총사령관 이청천과 참모장 이범석도 환국 뒤 김구가 아니라 이승만 곁으로 갔다.

한편, 김구의 갈지자 행보를 또 다른 이유로 곱지 않게 보는 시각도 있다. 김구가 이승만에 투항한 것은 조소앙을 견제하기 위해서라는 설명이다.

오락가락했던 김구의 노선을 이해하기 위해선 1947년 11월 추진되었던 12정당협의회(정협)의 활동이 참고가 된다. 1947년 10월 21일 제2차 미소공위가 파행으로 끝난 후 김구는 거의 탈진 상태였다. 그동안 반소·반탁운동을 하면서 투쟁했지만 그가 진정으로 원했던 임정 정통론은 거의 소멸돼가고 있었다. 대신 조기 총선에 의한 남한 단독정부 수립 제안이라는 이승만의 제안이 점차 힘을 얻는 중이었다.

실제로 1947년 9월 17일에 한국 문제가 유엔으로 이관되었고 11월 14일에는 유엔한국임시위원단의 파견이 결정되었다. 이 무렵 김구를 대신하여 조소앙이 한독당 대표 자격으로 12정당협의회를 발족했다. 참가 정당은 한독당, 근로인민당, 인민공화당, 민주한독당, 민중동맹, 신진당, 조선공화당, 보국당, 조선민주당, 민주독립당, 사회인민당 등이었으며… (중략) 조소앙은 정협의 조속한 결집을 위해 자신의 견해를 피력하고(11월 8일) 자주통일정부 수립방안을 발표하는(11월 18일) 등 전력을 다했으나 자신이 대표를 자임한 한독당으로부터도 승인을 받지 못했다(11월 19일). 김구는 최초에 정협의 활동을 방관했으나 결국 자파 내 경쟁자인 조소앙의 야심을 좌절시키고 이승만과의 제휴를 선택하고 말았다. 이로써 정협의 활동은 물밑으로 잠복할 수밖에 없었고 이승만의 단정론이 더욱 탄력을 받게 되었다.

물론 이승만과 한민당이 정협의 활동을 방관하지 않고 나름대로 대책을 세웠기 때문이다. (중략) 임협(臨協) 산하 100여 정당·단체대표가 한민당 회의실에서 회의를 개최하고 소위 각정당협의회에 대한 규탄성명을 발표하기로 결의하는 등 한독당과 김구, 조소앙 등을 압박하였다. 그 결과가 11월 30일 발표된 김구의 항복 선언이다.[13]

이를 보면 김구는 적어도 한독당에서는 당연히 자신이 중심이 되어야만 하고, 이에 어긋나는 인물은 설혹 오랜 동지일지라도 용납하지 않았다는 것을 확인할 수 있다. 그는 한독당은 물론 환국 후 사실상 유명무실해진 임정에서도 자신이 중심이어야 했고, 해방정국에서 주도권을 잡고자 했지만 그러지 못하게 되자 정국을 주도하던 이승만 곁에서라도 중심부에 서고자 했던 것이다. 이런 김구의 모습은 오직 통일 조국 건설을 위한 순수한 일념뿐이었을 것이라는 대중의 인식과는 괴리가 크다.

11월 30일 담화 이후에도 김구는 계속 이승만과 뜻을 같이하고 있음을 거듭 피력했다. 특히 장덕수 암살 사건 이후 김구는 그 필요성을 더 크게 느꼈던 듯하다. 12월 4일에는 "나와 이승만 박사는 조국의 자주독립을 즉시 실현하자는 목적에 완전한 합의를 보았다. 나도 이 박사를 존경하는 한 사람이므로 양인 간에는 본

---

13  김상구, 『(친일파가 만든 독립영웅) 김구 청문회 2』, 매직하우스, 220~222쪽.

  김구, 만들어진 신화

래 다른 것이 없는 것이다"[14]라고 했고, 12월 17일에는 "최고 영도자 이승만 영사領士와 김구 선생이 우선 남한에서 총선거를 급속히 실시하려는 데 의견이 일치되었으므로…"라는 보도[15]도 있었다.

김구의 갈지자 행보의 완성, 곧 '우왕右往 - 좌왕左往 - 다시 우왕'은 1947년 12월 22일 발표한 담화다. 담화 내용은 다음과 같다.

> 우리는 미구에 내조(來朝)할 UN 위원단을 중심으로 환영하는 동시에 그들로 하여금 우리에 대한 정당한 인식을 가지고 우리가 원하는 자주독립의 통일정부를 수립하는 임무를 완수하도록 우리의 최선을 다하여야 할 것이다. 우리가 원하는 바도 자주 통일 정부요, 그들이 우리를 위하여 독립하여 주겠다는 정부도 남북을 통한 총선거에 의한 자주독립의 통일정부다. 그러므로 우리는 여하한 경우에든지 단독정부는 절대 반대할 것이다.(강조점은 저자) UN 위원단의 임무는 남북 총선거를 감시하는 데 있다. 그 감시는 외력의 간섭을 방지하는 것만이 아니라 내부의 여하한 간섭이라도 방지할 것이다.
>
> 그러므로 일반 동포는 절대로 자유의사에 의하여 투표를 행할

---

14  〈동아일보〉 1947년 12월 5일 자.

15  〈동아일보〉 1947년 12월 17일 자.

수 있을 것이다. 우리가 국제적 귀빈을 맞이함에 있어 우리 민족의 통일적 의사를 표현하여야 할 것이니 '국의(國議)'와 민대(民大)의 합동에 있어 일시적 외부의 장해로써 완료하지 못하였을지라도 합동에 대한 결의는 의연히 유효한 것이다.

그런데 일전에 ロ모(某)의 소위(所爲)인지 민대의 부서(部署)며 또 무슨 보조위원단 운운(云云)과 수백 인의 명단까지 발표한 것을 보았다. 이것은 통일에 방해가 될 뿐 아니라 사전 사후에 본인으로서는 주지한 바 없으니 그 현상 위에서는 여하한 책임도 본인은 질 수 없다.[16]


이 담화가 나온 시기는 "이승만과 김구가 우선 남한에서 총선거를 급속히 실시하는 데 의견이 일치되었다"는 보도가 나온 뒤 정확히 나흘째 되는 날이었다. 그 짧은 기간 내에 이처럼 완벽하게 갈지자 행보를 보인다는 것은 도무지 이해할 수 없다. 김구의 사고방식이나 행동 양식은 보통 사람의 잣대로는 설명하기 어렵다.

김구의 행보를 보면 그는 확실히 기회주의적인 인물이었다. 일관된 철학이나 가치를 지니지 못했다. 속도 좁다. 그러다 보니 곁에 사람이 모이지 않고 있던 사람마저 떠났다. 정치적 야망이 있는 사람들에게 김구는 앞날을 기약할 수 없는 지도자였다. 그

---

16  〈조선일보〉 1947년 12월 23일 자. ロ는 깨진 글자.

  김구, 만들어진 신화

래서 김구는 갈수록 정치 지도자로서 인정받지 못하는 상황으로 밀려버린 것이다. 그런 상황이 김구의 상식 밖 행보를 이해하는 배경이 아닐까 한다.

하지만 이런 배경만으로 김구의 불가사의한 행동을 다 설명할 수는 없다. 뭔가 다른 설명이 필요하다. 다른 이유가 있을 거라는 말이다. 모든 일에는 원인이 있게 마련이다. 김구가 돌연 태도를 바꾼 데도 어떤 요인이 작용했다고 보아야 한다. 그게 뭘까?


## 뜻밖의 손길


한국 문제가 UN으로 이관된 뒤, UN은 3월 말까지 남북한 총선거를 치를 것을 결의했으나 1947년 말 소련의 거부가 확실시되고 있었다. 해가 바뀌어 1948년 1월 1일 〈동아일보〉는 총선거 관련 기사로 전체 2면 중 1면을 덮었다. 〈동아일보〉는 1면 첫머리에 연두사를 싣고 소련이 남북한 총선거를 거부한다면 남한만이라도 독립 정부를 세워야 한다고 역설했다. 다음은 그 내용의 일부다.


… 총선거에 의한 자주정부 수립은 이 한 해의 우리의 과제이다.

… 소련과 그 계열 국가는 이미 유엔 결의를 보이코트하여 … 미

구(未久)에 내조(來朝)할 유엔단의 임무 수행에 협력을 거부할 것

이요 따라서 총선거에 불응할 것도 예료(豫料)된다. … 만약 사실이 예료한 바와 같이 된다면 북쪽은 보류하고 남쪽만이라도 기정(旣定)의 방향으로 추진시키는 도리밖에 없으리라. … 남북을 통한 총선거에 의한 통일정부 수립을 누구나 원념(願念)하리라. 그러나 그것은 적어도 이 순간까지는 그 달성에 허다한 단계를 요청하는 이상(理想)에 불과하다는 공상에 폭급(暴急)하여 현실을 몰각하는 가(架)ㅁ의 상(想)에 빠져서는 아니 된다. 차라리 이상과 현실을 통합하려는 우리의 노력으로써 북쪽이 호응하지 않을 경우에는 남쪽만이라도 총선거를 결행하여 자주정부를 수립함으로써 … 그런데 최근 정계의 동향을 규시(窺視)하건대 … 사리당략(私利黨略)의 방편을 구하는 자와 유엔 결의 수행을 근본적으로 방해할 사주(使嗾)를 받은 분자가 … 남쪽만의 선거를 방해하는 형편이어늘 내의(內意)는 여하(如何)튼 표면의 기치만은 민심을 현혹시키고…….

〈동아일보〉는 이 연두사 외에도 "신조선 건설의 구상"이라는 대문짝만한 활자의 제목으로 정치, 경제, 농업, 수산, 공업 등 분야별 지향해야 할 바를 제시하는 글로 2면을 구성했다. 특히 눈에 띄는 것은 정치 부문 김준연의 글이다. 이 글 내용은 "총선거로 조국 재건"이라는 큰 제목에 '중간파와 해외파의 반성이 필요'라는 부제목으로 압축돼 있다. 김준연 역시 소련의 거부로 유엔한국임시위원단의 입북이 이루어지지 못할 경우 남한에서만이라도 총

     김구, 만들어진 신화

선거를 실시해 정부를 조직하게 될 것인데, 이는 '남부만의 정부가 아니고 전 조선적 중앙정부'가 될 것이라 주장하고 있다.

김준연은 이 글에서 "해외파(환국 해외 독립운동가들, 특히 충칭 임정 요인들을 지칭 – 저자)에서는 남한의 총선거를 단정이라고 하여 이것을 거부하고 12정당회합[17]을 주재하여 유엔서 패배한 소련의 주장을 지지하고 토지의 국유를 원칙으로 한다고 주장하여 공산주의적 경제정책을 지지하는 등 이념에 있어서 민족국가를 민주주의적으로 건설한다는 입장으로 보아서는 미흡한 점이 많이 있다"고 지적했다. 이는 김구와 김규식 등의 남북협상 주장을 정면으로 반박하는 것인데, 이와 같은 사실은 유엔한국임시위원단에 대한 소련의 입북 거부가 예견되는 가운데 남한만의 총선거가 불가피하다는 주장이 설득력을 얻어가고 있음을 시사한다. 그리고 그것은 김구의 정치적 입지가 점점 좁아짐을 의미했다.

하지만 김구는 갈지자 행보를 하는 사람답지 않게 '의연한' 자세를 유지했다. 〈조선일보〉에 실린 주요 인사들의 신년사를 보면, 초지일관 남한 독립 정부론을 강조해온 이승만이 조속한 정부 수립을 강조한 데 반해 김구는 UN 한국임시위원단에 협력해 통일정부 수립을 위해 노력해야 한다고 강조했다. 불과 얼마 전

---

17  1947년 11월 조소앙의 주도로 한독당, 근로인민당, 인민공화당, 민주한독당, 민중동맹, 신진당, 조선공화당, 보국당, 조선민주당, 민주독립당, 사회인민당 등이 모여 추진한 12정당협의회.

까지만 해도 정국을 주도하는 이승만의 위세에 편승하려 했던 그가 무슨 까닭으로 이처럼 대립각을 세우게 되었을까.

우선 추측할 수 있는 것은 김구가 이승만에게 내침을 당한 데 대한 반작용이 아닌가 하는 것이다. 이는 다시 말해 이승만이 김구를 버림으로써 고립무원에 빠진 김구가 선택할 수 있는 길, 곧 정치적 입지를 마련하기 위한 명분을 만드는 데 통일정부 수립 외에는 다른 길이 없었다는 얘기다.

김구가 정치적 입지 강화를 위해 추진해왔던 것은 두 가지다. 하나는 한독당과 한민당의 합당이고, 다른 하나는 국민의회(國議국의))와 한국민족대표자대회(民代민대)의 통합이다. 그런데 한독당과 한민당의 합당이 한민당의 전략가 장덕수의 반대로 성사되지 못함에 따라 남은 게 김구 계열의 '국의'와 이승만 계열의 '민대' 통합이었다. 양 조직의 통합은 김구가 1947년 11월 30일 담화를 발표하며 급물살을 타는 듯했다. 김구의 담화가 있고 나서 12월 1일에 열린 '국의' 제44차 임시총회에서 이승만과 김구가 치사致辭를 통해 두 조직의 통합에 합의했음을 밝혔고, 3일 두 조직 간 협상서가 발표되었다.[18]

이 협상서에는 다음 세 가지 합의 사항이 담겼다.

첫째, 최대한 빠른 기간 내 자율적 총선거를 단행함. 단 유엔 감

---

18　〈동아일보〉 1947년 12월 4일 자.

　　　　　김구, 만들어진 신화

시하 선거가 우리의 기도에 일치할 시는 이에 협조할 것.

둘째, 12월 12일 오후 1시 완전합동회의를 개최할 것.

셋째, 전항을 재심사하기 위하여 양측에서 각 3명의 위원을 다음과 같이 선정함. '국의' 측 위원은 최석봉(崔錫鳳), 조상항(趙尙恒), 신일준(辛一俊) 등이며, '민대' 측 위원은 명제세(明濟世), 강인택(姜仁澤), 최규고(崔圭高) 등이다.

여기서 '국의' 측 위원 중 조상항과 신일준에 주목할 필요가 있다. 이들이 장덕수 암살 사건으로 기소된 인물이기 때문이다. 물론 당시는 기소되기 전이지만, 장덕수 암살 연루자들이 '국의'의 주요 인물이라는 점에서 김구 계열 인물들이 정치적 걸림돌로 생각되는 대상을 대하는 방식이나 인식을 엿볼 수 있다. 일제 치하 항일투쟁도 아닌 해방된 조국 국내 정치에서 정적을 제거 대상으로 본다는 것, 그리하여 암살도 저지를 수 있다는 생각을 공유하는 사람들을 어떻게 이해해야 할 것인가. 그들의 사고방식이나 인식이 김구의 임정 당시부터의 행동이나 사고방식과 무관할 수 있을까.

12월 12일로 예정돼 있던 '국의'와 '민대'의 합동회의는 당국의 집회 허가 거부로 무산되었다. 수도경찰청장 장택상은 기자회견에서 "'국의' 측 간부 몇 사람이 장 씨(장덕수-저자) 사건에 관계된 사실이 있어 수도청(수도경찰청-저자)으로서 시청 집회 허가원의 추천을 거부한 것"이라고 밝혔다. 김구 측 인물들이 장덕수 암살에 연루돼 있다는 사실을 밝힌 것이다.

이로써 당국의 집회 허가 여부와 상관없이 두 조직의 통합은 사실상 물 건너간 상황이 되었다. 장덕수 암살의 배후가 뚜렷한 상황에서 '국의'와 '민대'의 통합이 순조로울 리 없었다. '국의'와 '민대'의 합동회의는 다음 날인 13일로 연기되었다가 다시 '민대' 측이 보류하기로 함으로써 두 조직의 통합은 기약할 수 없게 되었다. 그 사실을 보도한 신문 기사는 다음과 같다.

> 지난 12일부터 개최 예정이던 국의(國議)와 민대(民代) 합동회의는 어제 13일로 연기되었던 바 민대 측에서는 예비회의를 12일 오후 1시부터 국민회의실에서 200여 대의원 참석하에 개최하고 합동에 대해 토의한 결과 민대 측은 합동을 보류하기로 결의하였으며 국의 측은 집회 허가 관계로 합동회의는 유회되고 말았다.
>
> 그리하여 민대 측은 23일 오후 1시 국민회의 회의실에서 민대 25차 회의를 개최하고 총선거 실시 문제와 유엔 위원회 협조 민족단구(民族團構)에 관한 건을 토의하리라 하는데 현재까지는 대립되어 오다가 전반 국민의회 대회에서 합의를 본 민대와 국의 합동은 다시 문제 거리가 되었는데 금후 국의와 민대 양측 동향은 주목되는 바 있다.[19]

---

19  〈동아일보〉 1947년 12월 14일 자.



김구, 만들어진 신화

  김구는 사실상 막다른 길로 몰리고 있었다. '국의'와 '민대'의 통합이 이루어지면 이승만에게 기대어 정치생명을 이어가면서 이승만과 함께 우파 진영 '두 거두'의 위상을 유지할 수 있을 것이었지만, 장덕수 암살 사건으로 그 기대는 완전히 무산되고 말았다. 그런 가운데 나온 것이 갈지자의 완성인 1947년 12월 22일 담화다.

  김구의 태도가 돌변한 것은 다른 가능성을 보았기 때문으로 유추할 수 있다. 그 다른 길은 물론 통일정부 수립일 수밖에 없지만 중요한 건 대중에게 보여줄 구체적 방안과 명분을 찾는 것이라 할 수 있는데, 그게 무엇이냐는 것이다. 해방정국을 기록한 한 공산주의자의 수기가 하나의 단서를 제공해준다. 수기의 주인공은 고영민이다. 그는 공산혁명을 소명으로 알았던 지식인으로, 그의 기록은 당시 상황을 생생하게 되살려낸다.

  고영민은 해방 당시 조선총독부 기관지 격인 〈경성일보〉 기자였다. 그는 수기에서 "나는 8월 15일 해방을 맞아 혁명운동에 몸담기로 결심하였다"고 썼다. 일본 와세다 대학 출신인 그는 해방 이전 이미 공산주의 사상을 갖고 있었는데, 생존을 위해 〈경성일보〉 기자로 들어갔다가 일제 패망으로 세상이 바뀌자 다시 공산주의 혁명운동에 뛰어들었다.

  고영민의 수기에 따르면, 해방 직후 공산주의자들은 여러 세력으로 나뉘어 주도권을 놓고 치열한 권력투쟁을 벌였다. 그들이 이른바 '분파주의'라고 서로 비난한 파벌 싸움이 그것이다. 이는 북한에서 소련군이 김일성을 앞세운 가운데 조선공산당 최고 영도자 자리를 놓고 박헌영과 김일성 간의 보이지 않는 권력투쟁으로 이어졌다. 남한 내 공산주의자들의 주도권 싸움은 박헌영과 김일성 간 권력투쟁이 본격화되기 이전에는 물론 이후에도 계속되었다. 박헌영 일파로부터 당의 주류에서 밀려난 그룹은 계속 박헌영파의 분파주의를 비판하며 당대회 소집을 통해 대세를 바꿔보려 했지만 어림없는 일이었다.

고영민은 주류에서 밀려나 '정치 낭인'으로 전락했다. 좌절에 빠진 그는 '혁명 전선에 복귀할 새로운 가능성'을 엿보고 있었다. 여기서 고영민의 수기 이야기를 하는 것은, 그가 본 '새로운 가능성'과 김구가 막다른 골목에서 발견한 '새로운 가능성'이 관련 있어 보이기 때문이다. 그의 이야기를 들어보자.

> 원래 '낭인'이라는 말은 소속할 수 있는 집단 또는 조직을 갖지 못한 실업자를 의미하는 것이다. 그러나 남한의 '정치 낭인'들은 '본직'과는 다른 쓸데없는 일을 하고 있지는 않았다. 그것에는 그 나름대로 이유가 있었다. 즉 북한으로부터 수많은 '권위 있는 선'이 남하하여 '정치 낭인'들에게 혁명적 임무를 부여했기 때문이다. 물론 남한에서 전위당의 '정통성'을 주장했던 것은 남로당이었으나 '권위 있는 선'의 자들 또한 정통성을 주장했다. 이들 '정치 낭인'들의 집단은 '당외당(黨外黨)'의 양상을 노정하고 있었다.

  김구, 만들어진 신화

(중략)

당시 서울 창신동에 한식 고가(古家) 한 채가 있었다. 그 집에는 미군정청으로부터는 위험시되고 박헌영 일파로부터는 '반당 분자·반혁명 분자'로서 백안시되고 적대시되고 있는 한 무리의 '직업 혁명가'들이 출입하고 있었다. 이 집에는 서울에 거주하는 공산주의자들뿐만 아니라 남한의 각도·각군·제주도 등지에서 온 '손님'들이 끊임없이 모이고 흩어졌다. … 1947년 2월경이 되자 이 '정치 복덕방'에 갑자기 활기가 넘치게 되었다. 그것은 북한으로부터 '권위 있는 선'이 남하했기 때문이었다.

(중략)

당시 남한에는 '권위 있는 선'이 꽤 많이 있었다고 한다. 내가 아는 범위 내에서는 이정윤·이영·서중석·성시백·한인식 등의 선이 있었다. 이들 선의 지도자들은 주로 남로당의 박헌영 일파로부터 배제당한 자들을 포섭하여 미군정청을 비롯한 각정당·사회단체에 대한 프락치 공작과 정보수집 공작을 벌이고 인민유격대를 조직하는 등 '만물상회' 식의 공작을 하고 있었다.[20]


여기서 '권위 있는 선'은 스탈린에게 낙점받아 북한 지도자로 부상한 북로당 김일성의 지령을 받아 남으로 내려온 공작원을 뜻한다. 앞에서도 말했지만, 김일성과 박헌영은 한반도 전체 공

---

20    고영민, 『해방정국의 증언 – 어느 혁명가의 수기』, 사계절, 145~149쪽.

산당(남북노동당) 수령 지위를 놓고 물밑에서 권력투쟁을 벌이고 있었고, 김일성은 남한 지역 공산주의자들을 장악한 박헌영으로부터 주도권을 빼앗거나 박헌영의 힘을 약화하기 위해 공작원들을 대거 남파시켰던 것 같다. 앞의 글에서 확인할 수 있듯 박헌영 일파로부터 배제당한 공산주의자들은 할 일 없는 정치 낭인의 신세를 면치 못하다가 갑자기 생각지도 못한 기회를 잡고 활기를 되찾았다.

고영민은 '권위 있는 선'들은 '만물상회' 식 공작을 하고 있었다고 말한다. 여기 거명된 성시백成始伯은 '만물상회' 식 공작으로 유명한 인물이다. 성시백은 특히 정치인들을 상대로 한 공작에 치중하고 있었다. 그중 북한으로부터 가장 성공적인 '작품'으로 평가받는 일이 김구에 대한 공작이다. 1986년 평양 외문출판사가 발간한 김종항金鐘恒, 안우생安偶生 공저『민족대단결의 위대한 경륜[民族大團結的偉大經綸]: 남북연석회의 함께한 백범 김구 선생 회고[回憶南北連席會議和白凡金九先生]』라는 제목의 얇은 팸플릿이 그것을 말해준다.

이 팸플릿에 따르면 김종항은 김일성의 지령을 받고 남으로 내려와 성시백을 만났고, 성시백은 그 뒤 김구의 비서 안우생을 만났다. 두 사람은 충칭 임정 시절부터 아는 사이였다. 성시백은 안우생의 집에서 보름가량 머물며 시국관을 논했다고 한다. 이들이 시국관을 논했다는 사실은 성시백의 공작이 이루어졌다는 의미로 풀이할 수 있다.

안우생은 두 사람이 "의기상통했다"며, "우리는 민족의 출구에 대한 일치된 결론에 도달했다"고 기록했다. 그 내용은 일체의 외국 군대를 철거시키며, 단정·단선 음모를 저지·파탄시키기 위하여 북의 공산주의자들과 제휴·합작해야 한다는 것이었다. 두 사람이 이렇게 의기투합해 홍명희, 조완구, 김규식 등과 접촉하기로 했다는 것이 안우생의 회고(원문은 회억回憶)인데, 이후 이들이 모두 남북연석회의에 참석했다는 점에서 성시백의 공작은 성공적이었다고 볼 수 있다.

중요한 건 김구다. 비서인 안우생이 김구에게 성시백과 의기투합한 내용을 보고하지 않았을 리 없는데, 그때 김구는 무슨 생각을 했을까. 혹 '이거다!' 생각하지 않았을까. 김구가 통일정부 수립으로 입장을 선회해 재기를 노리려면 단순히 주장만으로는 부족하다. 그런데 북으로부터 어떤 구상이 제안되었다면 김구로서는 활로를 여는 획기적 방안으로 여겨졌을 것이다. 이런 추리가 가능한 건 김구의 갑작스러운 변신을 달리 설명할 수 없기 때문이다.

팸플릿에 따르면, 1월경 김일성이 김구에게 서신을 보냈다고 한다. 이 서신은 확인된 바 없지만, 전후 사정에 비추어 생각해보면 김일성이 김구에게 서신을 보냈다고 보는 게 맥락이 맞는다. 무슨 말이냐면, 12월 초 이후 김구에게 안우생을 통한 공작이 이루어졌고, 그 결과 12월 22일 김구가 갑자기 태도를 바꿔 단독정부 불가 입장을 내세웠으며, 1948년 2월 이후 김구의 행보로 보아 1월에 김일성 서신이 김구에게 전달된 것으로 보는 게 설득력이 있다는 말이다.

김구는 안우생을 통해 북으로부터의 '전조선 정당사회단체 대표자연석회의' 구상을 전해 듣고 비로소 이승만에게서 독립해 통일정부 수립을 소신으로 하는 독자 노선을 걸을 가능성을 보았을 것이다. 물론 모든 정당과 사회단체 대표들이 모여 논의하는 것은 그가 바라는 바가 아니었을 것이다. 충칭 임정 주석으로 해방정국에서 이승만에 버금가는 정치적 위상을 지녔던 그가 다른 정당이나 사회단체 대표라는 자들과 동렬에서 '여러 사람 중한 사람(one of them)'으로 참여하는 건 '안 될 말'이었기 때문이다. 하지만 다른 형태의 방법을 역으로 제안한다면 명분도 얻고, 혹 실질적으로 효과를 본다면 대중에게 통일정부 수립의 주역으로서 자신의 이미지를 각인시킬 수 있을 터였다. 코너에 몰린 김구로서는 김일성이 내민 이 '뜻밖의 손길'이 미처 생각지 못한 '신의 한 수'를 발견하는 계기가 되지 않았을까.

하지만 김구에게는 확실한 그 '무엇'이 필요했을 것이다. 비서 안우생의 말만으로는 부족했을 것이다. 더욱이 소련군이 김구의 조종을 받는 것으로 의심하는 단체 백의사白衣社가 1946년 3월 1일 김일성 암살을 시도했다가 실패한 사건도 있었던 만큼 김구는 김일성의 진의를 알고 싶어 했을 가능성이 크다. 그리고 이런 상황에서 김구를 북한 정권의 정통성을 위한 들러리로 세우기 위해 김일성이 1월경 김구에게 서신을 보냈을 것이라는 추

    김구, 만들어진 신화

론이 가능하다. 그렇게 보아야 김구의 갈지자 행보에 대한 해석
이 아귀가 맞는다. 결국 김구는 이승만을 제치고 정국을 주도하
기 위해 김일성이 내민 손을 잡은 것으로 보인다. 자신의 정치적
성공을 위해 김일성과 야합했다는 말이다.

## 평양으로 가는 길

평양과의 교감을 통해 새로운 가능성을 찾은 김구는 남북협상
을 위한 정지 작업을 시작한다. 그 첫 작업은 유엔한국임시위원
단(유엔위원단)과의 협의 후 담화다. 1948년 1월 8일 서울에 도착한
유엔위원단은 26일 오전 11시부터 이승만을 시작으로 한국 각계
인사와의 협의에 나섰다. 김구는 이승만에 이어 유엔위원단을 만
나 협의를 마친 뒤 "미소 양군이 철퇴撤退하지 않고 있는 남북의
현재 상태로서는 자유스러운 분위기를 가질 수 없다. 양군이 철
퇴한 후 남북요인회담을 하여 선거 준비를 한 뒤 총선거하여 통
일정부를 수립해야 할 것"이라는 요지의 담화[21]를 발표했다.

김구의 이 담화는 참으로 이해하기 어렵다. 미소 양군이 철수
하지 않으면 자유선거를 할 수 없는 까닭이 무엇이란 말인가. 물
론 북한 지역에서 소련군이 통제하는 가운데 선거가 치러진다면

---

21  〈동아일보〉 1948년 1월 28일 자.

자유선거는 불가능하다. 하지만 유엔 감시하의 선거라면 얘기가 달라진다. 북한 지역에서는 그렇다 쳐도 미군이 주둔하고 있으면 남한에서 자유선거가 가능하지 않다고 주장하는 건 말이 안 된다. 김구가 자유민주주의의 나라 미국을 몰라서 그랬을까. 정확한 건 알 수 없지만 그랬을 수도 있다. 어쨌든 소련군 점령하의 북한에서는 자유선거가 가능하지 않으니 소련군 철수를 주장하는 것은 이해가 되지만, 미군 점령하의 남한에서조차 자유선거가 안 될 것이라고 전제하며 양군 철수를 주장하는 건 아무리 형평성을 고려한 것이라 하더라도 납득하기 어렵다. 김구는 왜 이런 주장을 했을까.

묘한 것은 김구의 이러한 담화가 1월 22일 안드레이 그로미코 유엔 주재 소련 대표가 트리그브 할브단 리 유엔 사무총장에게 유엔한국임시위원단의 입북入北을 거부한다는 서한을 전달[22]한 지 4일 뒤에 나왔다는 점이다. 소련이 유엔위원단의 입북을 거부한 것은 남북한 총선거가 무산될 상황에 놓였음을 의미한다. 이는 곧 소련이 통일정부 수립을 거부했다는 것인데, 이런 상황에서 미소 양군 철수를 주장한 것은 사실상 소련을 두둔한 것이다.

미소 양군 철퇴 후 한국인 스스로 정부를 세워야 한다는 주장은 소련이 일관되게 해왔는데 김구는 이를 자신의 의견으로 개진했다. 이로 미루어 짐작할 수 있는 것은 김구의 담화가 북측과

---

22  〈동아일보〉 1948년 1월 25일 자.

  김구, 만들어진 신화

의 교감에서 나왔을 것이라는 점이다. 다만 소련 점령군 사령부나 김일성은 이른바 남북 정당사회단체 대표자회의라는 집단회의 방식을 구상한 데 반해 김구는 남북요인회담을 생각하고 있었다는 것이 차이다.

앞에서 지적했듯 김구로서는 충칭 임정 주석이었던 자신의 존재가 집단 속의 한 사람인 상황은 용납할 수 없었다. 하지만 공산주의자들의 방식은 인민대표라는 집단의 회의에서 결정하는 형식을 취하면서도 실제로는 당 중앙이라는 독재자의 지침에 따라 치밀하게 계획을 짜놓고 거기에 맞추어 움직이는 형태다. 그런 점에서 김구와 소련군은 생각이 달랐지만, 쌍방이 각자의 목적을 달성하면 그만이었기에 동상이몽을 했을 것이다.

김구와 마찬가지로 김규식도 27일 유엔위원단과의 협의 후 가진 기자회견에서 남북요인회담 관련 발언을 했는데, 둘 사이에 미묘한 차이가 드러난다. 김규식은 우선 소련의 유엔위원단 입북 거부에 대해 유엔 소총회가 남북 총선거 방안을 모색해야 할 것이며, 소총회에서 안 된다면 임시 유엔총회를 소집해 재검토해야 한다는 입장을 천명했다. 남북 총선거를 통한 통일정부 수립의 길을 유엔이 제시하라는 의미다.

그는 이어 소련이 그동안 남북 한국인이 자율적으로 결정하게 하자고 했으니 남북요인회담을 알선할 수 있을 것이라며, 전체 인구의 3분의 2가 거주하고 있을 뿐만 아니라 요인의 수도 남한이 많으니 회담은 남한에서 하는 게 좋을 것이라고 했다. 앞에서 살펴본 대로 김규식에게도 북으로부터의 손길이 미쳤을 것인데, 김규식은 김구와 달리 남한에서 회담할 것을 주장한 것이다.

김규식의 주장에 주목하게 되는 이유는 이 기자회견에서 그가 남한만의 선거는 북한을 소련의 위성국가나 연방으로 만드는 것이며, 그것은 나아가 남한까지 그렇게 만들 것이라 주장했기 때문이다. 이후 김규식은 김구와 마찬가지로 남북협상을 위해 평양을 가긴 하지만, 김구보다 하루 늦게 출발했다거나 평양에서 보인 행동이 매우 소극적이었다는 점에서 그의 복잡한 속내를 헤아려볼 수 있다. 또 북행이나 서울 귀환 후의 의견 표명 등 일련의 과정을 김구가 김규식을 찾아가 의논하며 주도했다는 점도 김구가 적극적이었던 데 반해 김규식은 소극적이었다는 것을 보여준다.

김구가 남북요인회담을 거론한 데 대해 민주의원은 거칠게 비판했다. 다음은 〈동아일보〉에 "남북요인회담운南北要人會談云은 군정 연장에 불과"라는 제목으로 실린 민주의원 성명 전문이다.

유엔조선위원단(유엔한국위원단 - 저자)의 입북을 소련이 거절한 것은 예상했던 바라고는 하나 세계 공론을 무시하고 조선 독립을 지연시키려는 의도라 단언치 않을 수 없다. 일이 이미 이에 이르렀으니 남조선만이라도 이북 대표를 참가케 하는 총선거를 실시하여 정부를 수립하게 하고 이것을 유엔의 일원이 되게 하여 조선의 독립을 승인케 하여야 할 것이다. 항간에서는 미소 양군이

철퇴한 후라야 자유로운 선거가 될 수 있으니 우선 남북요인회
담을 개최하자는 등의 언론(의견이나 주장 또는 여론 – 저자)이 있으나
이는 사태를 천연(遷延)시킬 뿐으로서 우리는 도저히 찬동할 수
없는 바이니 그는 유엔총회에서 패배한 소련의 주장을 반복하는
것으로밖에 볼 수 없는 것이다.[23]

이 성명에서 민주의원은 김구의 주장이 '사태를 지연시키는 것'
이며 유엔총회, 곧 국제사회의 결의에서 패배한 소련의 주장을 반
복하는 것일 뿐이라고 분명하고도 확실히 지적하고 있다. 이 성명
은 김구가 이제 우익 진영에서 완전히 배제당하는 처지에 놓였음
을 보여준다. 민주의원은 이승만이 의장을 맡고 김구와 김규식이
부의장을 맡아 1946년 2월 1일 출범했다가 2월 23일 이승만 의
장, 김규식 부의장, 김구 총리 체제로 개편한 기구로서 미소공동
위원회에 대응하는 모든 안건을 논의하며 좌익의 통일전선인 민
전(민주주의민족전선)에 대항해온 우익 진영의 연대 조직이다. 그런
민주의원에서 김구를 격하게 비난했다는 것은 김구가 우익 진영
에서 고립되었음을 말해준다.

김구의 두 번째 작업은 1948년 2월 10일에 나온 그 유명한 "삼
천만 동포에 읍고泣告한다"라는 장문의 담화다. 이 담화가 나온 배
경이 있다. 김구는 1948년 1월 28일 유엔한국임시위원단에 6개

---

항의 의견서를 제출했다. 6개 항을 요약하면 다음과 같다.

첫째, 전국을 통한 총선거에 의한 한국의 통일된 완전 자주적 정부 수립을 요구하며, 군정을 연장시킬 우려가 있는 남한 단독 정부는 반대한다.

둘째, 미군정하에 모 일개 정당(한민당-저자)이 선거를 농단하리라는 것은 거의 남한의 여론이 되어 있다. 그러므로 현 정세에 대한 실질적 개선 없이 구두로나 문자로만 자유로운 선거를 할 수 있다고 성명하고 이 현상 위에서 그대로 형식적으로만 선거를 진행한다면 이것을 반대하지 아니할 수 없다.

셋째, 북한에서 소련이 입경入境을 거절하였다는 구실로써 UN이 그 임무를 태만히 아니할 것을 요구한다.

넷째, 남북한에서 이미 구금되어 있거나 체포하려는 정치범 석방을 요구한다.

다섯째, 미소 양군은 한국에서 즉시 철퇴하되, 이른바 진공상태로 인한 기간의 치안 책임은 UN에서 일시 부담하기를 요구한다. 한국의 독립적 통일정부를 수립하기 위하여 미소 양군이 즉시 철퇴하여, 한인으로 하여금 자유로운 입장에서 민주적으로 총선거를 실시하여 통일정부를 수립하게 하자는 소련의 주장은 원칙적으로 정당하다.

여섯째, 남북한인지도자회의를 소집함을 요구한다. 한국 문제는 결국 한인이 해결할 것이다. 우리는 미소 양군이 철퇴하는 대로 즉시 평화로운 국면 위에 남북지도자회의를 소집하여 조국의



김구, 만들어진 신화

완전 독립과 민족의 영원 해방의 목적을 관철하기 위하여 공동 노력할 수 있는 방안을 작성하자는 것이다.[24]

이에 한국민주당(한민당)이 "크레믈린궁의 한 신자"라고 김구를 격하게 비난하는 등 우익 진영의 반발이 거셌다.

오늘날 이 담화는 '나의 소원'과 함께 김구 신화의 중요한 부분을 이루고 있지만, 당시 신문은 김구가 장문의 담화를 발표했다며 "통일하면 살고 분열하면 죽는 것은 고금의 원칙이듯 남북의 분열을 연장시키는 것은 전 민족을 사갱死坑(죽음의 구렁텅이 – 저자)에 넣는 것이니 이 위기에 있어서 우리는 자주독립을 완성하도록 하자"는 내용이라고 짤막하게 보도했다.[25] 김구 어록에 담겨 있는 이 담화를 요약하면 다음과 같다.

"… 마음속의 38도선이 무너지고야 땅 위의 38도선도 철폐될 수 있다. … 이에 새삼스럽게 재화를 탐내며 명예를 탐낼 것이냐, 더구나 외국 군정하에 있는 정권을 탐낼 것이냐. … 나는 통일된 조국을 세우려다가 38도선을 베고 쓰러질지언정 일신의 구차한 안일을 취하여 단독정부를 세우는 데는 협력하지 않겠다."

여기서 "마음속의 38도선이 무너지고야 땅 위의 38도선도 철폐될 수 있다"는 말에 주목할 필요가 있다. 김구는 우리 민족이 결심하면 분단을 저지하고 통일정부를 수립할 수 있을 것처럼

---

24  〈서울신문〉 1948년 1월 29일 자.

25  〈조선일보〉 1948년 2월 11일 자.

말하고 있다. 미소 양국 모두 한반도에서 자국에 유리한 정부의 수립을 원하며, 최소한 불리하지 않은 결과를 내려 하는 상황에서 이른바 '우리 민족끼리'만 합의하면 통일정부를 수립할 수 있다고 주장하는 것은 난센스에 가깝다. 지금의 관점이나 시각이 아니라 당시의 눈으로 보면 다를까. 아니다. 당시 신문을 보면 김구의 주장이 허황한 것이라는 비판이 차고 넘친다. 하지만 김구는 그런 비판에 애써 눈을 감고 귀를 닫았다.

김구는 "재화를 탐내며 명예를 탐낼 것이냐"라며 자신은 그런 것에 초연한 듯 말하고 있다. 그렇다면 있는 그대로의 현실을 직시해 공산주의자들과의 협상이 얼마나 허망한지를 비판하는 사람들, 특히 이승만은 재화와 명예를 탐냈다는 말인가. 김구를 비롯해 당시 정치인이라면 누구나 대의를 따르고자 했으며, 무엇이 올바른 길인가를 고민했다고 봐야 한다. 또한 김구가 정치적 목적을 위해 행보한 것이 비난받을 일이 아니듯 다른 정치인들도 마찬가지다. 사실 이승만은 김구보다 훨씬 더 높은 이상과 소명감으로 시대적 요청이 무엇인지를 고민했다. 김구가 재화나 명예를 추구한다며 다른 정치인을 비난한 것은 그가 얼마나 편협한 자기중심적 사고에 갇혀 있었는지를 말해줄 뿐이다.

"외국 군정하에 있는 정권을 탐낼 것이냐"라는 말도 어불성설이다. 정부 수립이 미군정으로부터 권력을 빼앗아 오는 것이 아닌데 어떻게 이런 말이 가능하단 말인가. 그 발상부터가 민주주의와 어긋나는 것이라 하지 않을 수 없다. 김구는 모든 것을 권력투쟁 차원에서 이해한 게 아니었을까 생각되는 대목이기도 하다.

"통일된 조국을 세우려다가 38도선을 베고 쓰러질지언정 일신의 구차한 안일을 취하여 단독정부를 세우는 데는 협력하지 않겠다"라는 말은 후대를 감동시키는 김구 신화의 핵심인데, 이는 매우 부정직하고 불의하기까지 한 수사修辭에 지나지 않는다. 공산주의 소련의 음모에 맞서 대한민국을 건국하는 것을 '일신의 안일을 위한 구차한 것'이라 하다니 이런 기만이 어디 있는가. 소련군이 북한 지역을 점령하면서 이미 한반도 전체가 소련의 영향권에 들어가지 않는 한 분단은 돌이킬 수 없는 일이었다. 김구가 남북협상을 추진하던 그 당시에도 그것은 보통의 상식과 안목을 가진 사람이라면 누구나 알 수 있는 일이었다. 그런 점에서 김구가 "삼천만 동포에게 읍고한다"라는 감성적 담화를 낸 것은 대중을 상대로 사기를 친 것이라 할 수 있다. 그것도 필력 있는 조력자의 능력을 빌려서 말이다.

김구의 세 번째 작업은 김규식과 함께 1948년 2월 16일 자로 남북지도자회담을 제안하는 서신을 김두봉에게 보낸 것이다. 김두봉은 소련이 북한에서 김일성과 함께 중심인물로 내세운 사람이다. 참고로 당시 박헌영은 남로당의 영수로서 남측 인물로 분류되었다. 김구·김규식이 보낸 서신의 주요 내용은 다음과 같다.

… 인형(仁兄: 김두봉의 호 - 저자)이여. 지금 이곳에는 삼팔선 이남 이북을 별개 국으로 생각하는 사람도 많습니다. 그렇게 만들려고 노력하는 사람도 많습니다. 그쪽에도 그런 사람이 없지 아니하리라고 생각됩니다. 그 사람들은 남북의 지도자들이 합석하는 것을 희망하지도 아니하지마는 기실(其實)은 절망하고 이것을 선전하는 사람도 많습니다. 인형이여. 이리해서야 되겠나이까. 남이 일시적으로 분할해 놓은 조국을 우리가 우리의 관념이나 행동으로써 영원히 분할해 놓을 필요가 있겠습니까.

인형이여. 우리가 우리의 몸을 반쪽에 낼지언정 허리가 끊어진 조국이야 어찌 차마 더 보겠나이까. 가련한 동포들의 유리개걸(流離丐乞)하는 꼴이야 어찌 차마 더 보겠나이까.

인형이여. 우리가 불사(不似)하지만 애국자임은 틀림없는 사실이 아닙니까. 동포의 사활과 조국의 위기와 세계의 안위가 이 순간에 달렸거늘 우리의 양심과 우리의 책임으로 편안히 앉아서 희망 없는 외력에 의한 해결만 꿈꾸고 있습니까.

그러므로 우사(尤史) 인형(仁兄) 제(弟)는 우리 문제는 우리 자신만이 해결할 수 있다는 것을 확신하고 남북지도자회담을 주장하였습니다. 주장만 한 것이 아니라 이것을 하기로 결심하였습니다. 그리하여 이 글월을 양인(兩人)의 연서(連署)로 올리는 것입니다. 우리의 힘이 부족하나 남북에 있는 진정한 애국자의 힘이 큰 것이니 인동차심(人同此心)이며 심동차리(心同此理)인지라 반드시 성공하리라고 확신합니다. 더구나 북쪽에서 인형과 김일성 장군

이 선두에 서고 남쪽에서 우리 양인이 선두에 서서 이것을 주장
하면 절대다교(對多敎)의 민중이 이것을 옹호할 것이니 어찌 불
성공할 리 있겠나이까…….[26]

김구와 김규식이 정말 통일정부 수립이 가능하다고 믿어서 이
서신을 보냈는지 매우 의심스럽다. 사실 모든 결정 권한은 소련
점령군 사령부, 궁극적으로 모스크바에 있었지만, 김구가 그 사
실을 인식하고 있었는지는 알 수 없다. 우리 민족끼리만 합의하
면 통일정부 수립이 가능하다고 생각했다면 모스크바가 모든 것
을 좌우한다는 사실을 몰랐다는 이야기가 되고, 그건 정치 지도
자로서는 실격이다. 반대로 남북협상은 물론 통일정부 수립 여
부도 모스크바에 달려 있다는 것을 알았다면, 김구는 자신의 정
치적 목적을 위해 통일정부라는 대의를 이용한 위선자였다고 할
수 있다.

소련의 거부로 유엔위원단의 입북이 좌절되자 유엔위원단은
그 상황에서 어떻게 할지를 유엔에 물었다. 이에 유엔은 소총회
를 열어 2월 26일 유엔 감시가 가능한 지역에서만이라도 선거를
실시할 것을 결의했다. 하지만 김구는 유엔의 결의에도 총선거
거부 입장을 굽히지 않았다. 소련이 유엔위원단의 입북을 거부하
는 상황에서 남북한 총선거는 가능하지 않고 남북요인회담은 아

---

26    도진순, 『백범어록』, 돌베개, 406~407쪽.

무 의미가 없는데도 그가 고집을 부린 것은, 아무리 그럴듯한 명분과 대의를 내세워도 저의를 의심받을 수밖에 없다.

김구는 1948년 3월 1일 서울운동장에서 열린 '삼일 국경절' 기념행사에도 참석하지 않았다. 대한민국 임시정부를 낳은 게 3·1운동이라는 점에서 임정 주석 김구는 마땅히 참석해야 했고, 나아가 행사를 주도해야 했지만 이를 외면했다. 오히려 외국인인 미군정 사령관 하지 중장 및 딘 군정장관, 그리고 유엔위원단 단장 류위완은 행사에 참석해 축사를 했다. 주인은 없고 손님들만 성시를 이룬 잔칫날이었던 셈이다. 물론 가장 중심적인 위치의 주인 이승만이 참석했지만, 김구 역시 주인으로서 마땅히 참석해야 했던 기념행사였다.

김구가 3·1운동 기념행사에 참석하지 않았다는 사실은 고립무원에 빠진 그의 정치적 상황을 반영한 것으로 볼 수 있다. 그가 정국을 주도하는 상황이었다면 3·1운동 기념행사에 빠졌을 리 없다. 하지만 그는 반탁운동 당시의 주도권을 상실한 데다 스스로 고립을 자초하고 있었다.

해방정국을 시종일관 이끌었던 이승만은 행사의 주인으로 치사致詞를 했다. 그런데 이 치사에서 총선거에 대한 이승만의 인식이 드러난다. 다음은 이승만 치사 중 총선거와 관련된 부분이다.

··· 단독정부라는 말은 당초에 누가 만들어낸 말인지 모르겠으나

 김구, 만들어진 신화

내가 거의 1년 전에 미주에서 돌아와 문자(文字)와 언론으로 성명
한 것은 과도정부로 남북을 대표한 정부를 수립하기로 한 것인
데 선거를 반대하는 사람들이 단독정부라는 언론을 내서 인심을
현혹시킨 것이니 이들은 총선거도 말고 정부도 수립하지 말고
가만히 앉아 있다가 공산화하고 말자는 것이다. 이번 유엔 소총
회에서 결정된 안은 남북이라는 구별이 없고 가급적 행할 수 있
는 곳에서 진행하고자 하는 것이며 그 국회에서 수립되는 정부
는 완전무결한 국권을 앞세우는 것이니 단독정부란 말은 본래의
뜻도 아니요 말도 안 되는 것이다. (중략) 남조선에 정부 수립이
되면 남북 분열을 영구히 인정하는 것으로 남북이 병행할 수 없
으므로 총선거는 지지할 수 없다는 말이 있으나 이는 사리에 당
치 않는 말이다. 사람의 몸이 한편이 죽어가는 경우에는 살아 있
는 편이라도 완전히 살려서 죽은 편을 살리기를 꾀할 것인데 다
른 방책 없이 운명을 기다리고 있다면 살아 있는 사(使)까지 마
저 죽어버리자는 것은 누구나 알아들을 수 없는 말이다. 이북
동포들은 사지(死地)에 빠져 하루가 십 년같이 이남 동포들이 살
려낼 기회를 바라고 기다리는 이때에 우리가 아무것도 않고 방
임하고 있다면 이는 인정도 아니요 동족상애(同族相愛)의 도리도
아닐 것이니 우리는 할 수 있는 대로 용진(勇進)하여 같이 살아
야 할 것이다.[27]

---

27  〈동아일보〉 1948년 3월 2일 자.

이승만은 총선거도 말고 정부도 수립하지 말자는 것은 공산화를 하자는 것이라고 했다. 그는 유엔 소총회의 결정은 남북을 가르는 게 아니라 선거가 가능한 곳에서 행하는 것이니 이에 따라 수립된 정부를 단독정부라고 하는 것은 어불성설이라고 지적했다. 또 남한에서 정부가 수립되면 남북 분열을 영구히 인정하는 것이니 총선거를 지지할 수 없다는 주장을 당치 않다고 비판했다. 그가 몸의 한 부분이 죽은 상태라면 살아 있는 부분을 살려야 한다고 한 것은, 남한에서 정부를 수립해 북한을 해방함으로써 온전한 통일정부 수립을 꾀할 수 있다는 것인데, 이는 이른바 '정읍 발언' 이래 일관된 그의 지론이었다.

역사가 어떻게 흘러갔는지를 알고 있는 오늘의 시점에서 보면 이승만의 판단은 정확했다. 당시 이승만 혼자만 그런 판단을 하고 있었던 것은 아니고, 우파 민족주의 진영은 같은 판단 아래 이승만의 주장을 지지하고 있었다. 오직 공산주의자들과 김구 및 김규식 계열의 인사들만 달리 판단하고 있었을 뿐이다. 공산주의자들은 한반도 전체를 공산화하기 위해서, 김규식은 분단을 저지하기 위해서 그랬다면, 김구는 정국을 주도하고자 하는 정치적 목적을 위해 통일정부 수립을 외쳤다. 그런 점에서 김구는 기회주의적이었다는 비난을 면하기 어렵다.

'삼팔선을 베고 쓰러질지언정' 단독정부 수립에 협조하지 않겠다는 김구의 담화가 진정성을 의심받는 또 다른 이유가 있다. 그가 진정 남북분단을 막으려 했다면 미군정이 본국 지침에 따라 좌우합작을 추진할 때 거기에 협조해 미소공동위원회가 실패하지 않게 했어야 한다. 그게 이치에 닿는다는 이야기다.

하지만 김구는 이승만과 함께, 아니 오히려 이승만보다 더 강경하게 신탁통치 반대 투쟁을 전개함으로써 미소공동위원회를 파탄냈다. 이승만의 반탁이야 미소공동위원회를 무위로 돌려 소련이 남한에 발을 들이지 못하게 하려는 목적이 명확하지만, 김구의 반탁은 임정 정통론을 위한 것, 곧 자신의 입지를 위한 것이었다. 따라서 뒤늦게 분단을 막기 위해 단독정부에 협조할 수 없다고 한 것이 분단 저지를 위한 순수한 마음에서 비롯된 것인지 의심받을 수밖에 없다. 기회주의적인 김구의 갈지자 행보와 중국 공사 류위완에게 얼결에 드러낸 속셈으로 미루어 볼 때 어떻게 포장해도 김구의 주장은 위선이라고 볼 수밖에 없다.

사실 미국이 좌우합작을 추진한 건 명백한 오류였다. 아직 냉전이 본격화되기 직전 연합국의 일원인 소련과 협상을 통해 한반도 문제를 해결하기 위한 것이었으나, 공산주의의 세계화를 꿈꾸던 소련과 협력하려 한 것은 실책이라고 볼 수밖에 없다. 물론 미국이 소련에 완전히 양보했다면 얘기가 달라졌겠지만, 피차 한반도에서 자국에 유리한 정부가 들어서길 원했다는 점에서 실제 역사와 다른 결과가 나오기는 어려웠다고 본다. 그런 점에서 미국과 미군정은 물론 여운형 등 좌우합작 세력도 비현실적이었다고 볼 수 있다.

중요한 것은 김구의 행보다. 김규식이 여운형과 함께 좌우합작을 추진했다는 점에서 그의 남북협상 시도는 일관된 것이라 할 수 있지만 김구가 남북협상을 말하는 건 자가당착이었다. 그가 분단을 막으려 했다면 애초에 여운형 등과 뜻을 같이해야 했다. 하지만 김구는 그러기는커녕 여운형 암살의 배후라는 의심을 강하게 살 만큼 여운형을 홀대하고 외면했다. 좌우합작이 비현실적이었다고는 하나 분단을 막기 위해서는 미국과 소련이 합의에 이르러야 했고, 그러려면 남한에서의 좌우합작에 이어 남북합작을 추구하는 게 합리적이다. 물론 소련이 김일성 괴뢰정권을 포기하고 미국과 합의해 민주적 통일정부를 수립할 리 없었다는 점에서 좌우합작이 순리였다고 할 수는 없지만, 적어도 논리적으로는 그렇다는 말이다. 그렇게 볼 때 김구는 합리적이지도 않았고, 그의 남북협상론은 사실 자기부정이나 다름없었다.

김구·김규식의 제안에 대해 북측은 3월 25일 평양방송을 통해 "남조선 단독정부 수립을 반대하는 남조선 정당·사회단체에 고함"이라는 제목의 대남 제안으로 답했다. 김일성·김두봉이 김구·김규식에게 보내는 실제 편지는 3월 27일 거물 간첩 성시백을 통해 전달되었다. 다음은 김일성·김두봉 이름으로 김구·김규식에게 보낸 답신의 내용이다.

… 조선이 일본 통치로부터 해방된 지 이미 2년 반이 되었으나 우금(于今: 지금까지 – 저자) 조선 민족은 자주독립의 통일정부를 수립하지 못하고 인민은 남북조선의 판이한 정치 조건 하에서 부

동한 생활을 하고 있습니다. 다 아시는 바와 같이 북조선 인민들은 자기 손으로 자기 운명을 해결하는 모든 창발성(創發性)을 발양(發揚)하고 있습니다. 그러나 남조선에는 모든 주권이 미국(米國) 사람의 손에 있기 때문에 남조선 인민들과 당신들은 아무런 권리와 자유가 없이 정신상과 물질적으로 곤란을 당하고 있습니다.

이것이 누구의 잘못입니까? 그것은 조선에 관한 모스크바 삼상결정과 쏘미공동위원사(쏘米共同委員舍) 사업을 적극 반대하여 출마한 그들에게 책임이 있다고 우리는 재삼 언명합니다. 만일 모스크바 삼상결정을 황시(黃施)하였다면 벌써 조선 민족은 통일된 자주독립정부를 가졌을 것을 다시금 확신하여 마지않습니다.

양위(兩位) 선생이 중국으로부터 조국 땅에 들어설 때에 우리는 당신들의 활동을 심심(深深)히 주목(注目)하였습니다. 당신들은 평범한 조선 사람들이 아닌 일정한 정치단체의 지도자들로서 조선 인민의 기대와 배치되는 표현이 있을 때마다 우리는 비분(悲憤)하게 생각하였습니다. 당신들은 조국 땅에 돌아온 후 금일까지 민족 입장에 튼튼히 서서 조선이 부강한 나라로 발전하여 갈 수 있는 정확한 강령과 진실한 투쟁을 문헌으로나 실천으로 뚜렷하게 내놓은 것이 없습니다. 당신들은 조선에 관한 모스크바 삼상회의 결정과 쏘미공동위원회를 적극적으로 반대하여 거듭 파열시켰습니다. 당신들은 조선에서 쏘미 양군이 철거하고 조선 문제를 조선인 자체의 힘에 맡기자는 쏘련 대표의 제의를 노골적으로 반대하기도 하였으며, 혹은 무관심한 태도로 묵(ㄷ) 평하기도 했습니다. 더욱 유감스러운 것은 조선에 대한 유엔총회의 결정과 소위 유엔조선위원단의 입국을 당신들은 환영하였습니다.

이제야 당신들은 청천백일하(靑天白日下)에서 조선 국토의 양단(兩斷), 조선 민족의 분열을 책모(策謀)하는 유엔조선위원단과 미국 사령관의 정치 음모를 간파한 듯합니다. 그러나 아직도 당신들의 애국적 항의는 미온적이고 당신들의 입장은 명백하지 못합니다. 민족자주독립이 위급에 봉착한 금일에 당신들은 또 무엇을 요망(要望)하고 애국적 항쟁을 실천에 옮기지 않습니까.

다 아는 바와 같이 우리는 조국의 자주독립을 위하여 모든 출판물과 군중대회를 통하여 국토의 양단 민족의 분열을 음매(陰媒)하는 유엔 결정을 반대하며 조선에서 쏘미 양군이 철거하고 조선 인민 자체의 힘으로 조선의 운명을 해결하자는 쏘련의 제의를 실현하려는 거족적(擧族的) 항쟁을 전개하고 있습니다. 이 투쟁은 목적을 달성할 때까지 말로써가 아니라 사업으로써 끝까지 투쟁할 것입니다.

이제 우리는 양위 선생이 제의하신 남북조선 지도자 연석회의의 소집을 본시는 반대하지 않습니다. 그러나 당신들은 어떤 조선을 위하여 투쟁하시려는지 그 목적과 기원(企圖)을 충분히 알 수 없기 때문에 우리는 연석회의의 성과에 대하여 완전한 확신을 가질 수 없습니다.

양위 선생은 우리의 실천에서 나타난 위의 정치강령과 우리의 투쟁목적을 혹은 출판물로써 혹은 사업면에서 충분히 간파하였을 줄로 믿습니다. 우리는 앞으로도 조선 민족의 정당한 입장에서 우리의 강령과 우리의 목적을 떠나지 않고 조선의 애국자로 자기의 노력과 생명을 아끼지 않고 국토 양단과 민족 분열을 반대하며 통일된 민주주의 자주독립을 위하여 투쟁할 것이며 또 우리 조국을 외국 제국주의자들에게 팔아먹으려는 모든 반역자들을 반대하여 투쟁할 것입니다.

우리는 우리들이 벌써 내세운 강령과 목적을 끝까지 실현하려는 정치적 입장에서 국토를 양단하고 민족을 분열하는 남조선 반동적 단독선거를 실시하려는 유엔 결정을 반대하는 대책을 이미 세우고 그 투쟁 방침을 토의하기 위하여 남조선 어떤 정당 사회단체들에게 남북회의를 소집하는 서신을 벌써 보냈습니다. 양위 선생은 이 대책을 찬동하리라는 것을 우리는 확신하고 싶습니다. 남북조선 소범위의 지도자 연석회의에 관하여서는 1948년 4월 초에 북조선 평양에서 개최할 것을 동의합니다. 우리의 의견으로는 이 연석회의에 참가하는 성원 범위를 다음과 같이 제의합니다.

남조선에서는 김구 김규식 조소앙 홍명희 백남운 김붕준 김일청 이극로 박헌영 허헌 김원봉 허성택 유영준 송을수 김창준 등 15명과 북조선에서는 김일성 김두봉 최용건 김달현 박정애 이의 5명으로 예상합니다.

(一) 조선의 정치 현세에 대한 의견 교환

(二) 남조선 단독정부 수립을 위한 반동 선거 실시에 대한 유엔총
회의 결정에 반대하며 투쟁할 대책 수립

(三) 조선 통일과 민주주의 조선 정부수립에 관한 대책 연구 등등


만일 양위 선생이 우리의 제의를 동의하신다면 1948년 3월 말
일 내로 우리에게 통지하여 주실 것을 바랍니다.


1948년 3월 15일[28]


이 편지를 보면 오랜 독립운동 노장 김구와 김규식에게는 어
울리지 않는 '당신들'이라는 호칭부터 눈에 거슬린다. 김일성, 김
두봉 두 사람의 이름으로 보낸 편지지만 실질적 답신의 주체가
새파랗게 젊은 김일성이었다는 점에서 김구와 김규식에게는 이
만저만한 모욕이 아니다. 그런 점에서 김구와 김규식은 불쾌하게
여길 법했지만 두 사람은 그런 것 따위는 개의치 않은 듯하다. 물
론 통일 조국이냐 분단이냐 하는 절체절명의 과제 앞에서 그런
불쾌함은 매우 사소한 것이라 할지 모른다. 하지만 호칭은 회담
에 임하는 태도, 나아가 회담을 제안한 목적의 순수성 여부와 긴
밀히 맞물려 있다는 점에서 결코 과소평가할 사안이 아니다.

---

28    도진순, 『백범어록』, 돌베개, 408~410쪽.

    김구, 만들어진 신화

편지 내용은 더욱더 회담에 대해 의구심을 가지게 한다. 편지에서 김일성은, 북한에서는 인민들이 자기 운명의 주인임에 반해 남한에서는 모든 주권이 미국인들에게 있어 남한 사람들은 주권을 상실하여 자유와 권리가 없다고 주장하고 있다. 이는 소련군이 북한을 점령하면서 해방군을 자처한 전략적 기만을 반영한 것이라고 할 수 있다. 그리고 이는 곧 김일성이 소련군의 지침에 따라 움직이는 꼭두각시임을 드러내는 것이며, 따라서 김일성을 상대로 하는 남북협상이 아무 의미도 없을 것임을 확인케 해준다고 할 수 있다.

이어 김일성은 남한에서 모스크바 삼상회의 결정을 반대하지 않았으면, 그리고 미소 양군이 철수한 뒤 한국인 스스로 자기 운명을 결정하게 하자는 소련의 주장을 받아들였다면 벌써 통일정부가 수립되었을 것이라며 격하게 비판했다. 편지에서는 '당신들'이라고 했지만, 이는 김구를 겨냥한 것이라고 볼 수 있다. 김규식은 반탁운동과는 거리를 두었기 때문이다. 아니, 오히려 김규식은 미군정에 협조해 적극적으로 좌우합작에 나섰다. 따라서 김일성의 비난은 김구의 반탁운동을 과녁으로 한 것이었다고 할 수 있다. 물론 김규식에 대해서도 '무관심한 태도로 입을 닫고 있었다'고 싸잡아 비난하기는 했다.

김일성은 또 두 사람이 유엔총회의 결정과 유엔위원단의 입국을 환영한 것도 못마땅하다며, 이제야 유엔위원단이 남북 분열 '책모'임을 간파한 듯하나 '애국적 항쟁'을 실천에 옮기지 않고 있으니 두 사람을 믿을 수 없다고 몰아붙였다. 그러면서도 북한에서는 '거족적 항쟁'을 전개하고 있다고 강조했다. 이는 김구와 김규식이 자기들의 대열에 서도록 강하게 압박하는 내용이다. 그러면서도 두 사람이 제의한 남북지도자연석회의 소집을 반대하지 않는다는 입장을 밝혔다. 뺨 때리고 어르는 격이다.

그런데 어르는 이유가 있었다. 평양에서 연석회의를 열되 참가자 명단을 제시하고 이 제의에 동의하면 3월 말까지 답을 달라고 한 게 그것이다. 장소와 참석자 명단을 일방적으로 통보하며 시한을 정해 답하라고 한 건 오기 싫으면 그만두라는 식의 불순하기 짝이 없는 태도다. 이는 두 사람, 특히 김구가 평양에 오지 않을 리 없다는 확신을 보여주는 것인 동시에 심리적 압박으로 해석할 수 있다.

이렇듯 김일성의 답신은 형식과 내용 면에서 김구와 김규식 두 사람이 수용하기 어려운 것이었다. 특히 김일성의 제의에 응한다는 것은 김일성의 주도권을 수용한다는 뜻이라는 점, 그리고 그것은 연석회의가 '가능한 지역에서의 총선거'를 방해하며, 곧 공식화할 김일성 정권에 정당성을 부여하기 위한 것이 여실한데도 두 사람은 애써 이를 외면했다.

이러한 사실은 역사가 흘러 모든 것이 드러난 오늘날의 시점에서 봐야만 비로소 알 수 있는 것일까. 아니다. 당시 김구의 방북을 반대하고 비판한 사람들도 똑같이 판단하고 있었다. 다음은 관련 기사다.

## 남북협상설(南北協商說) 파문(波紋)

### 선거방해(選擧妨害)의 술책

지난 25일 평양방송은 과반(過般: 지난번 – 저자) 김구, 김규식 양 씨가 남북요인회담을 북조선에 제안한 것을 수락한다고 전한 바 있었는데 이에 대하여 조민당(朝民黨), 청총 및 조선국민건의회[靑總及朝鮮國民建議會]에서는 다음과 같은 담화를 발표하고 이는 5월 9일의 총선거 실시를 방해할 공작임을 강조하였다.

### 조민당 이윤영 씨 담화[朝民黨李允榮氏談]

남북정치협상을 하는 것은 그들의 자유일 것이나 총선거를 지연시키거나 혹은 이에 대한 방해 책동을 하는 데 대하여서는 우리는 절대 용허(容許)할 수 없다.

### 청총 담화[靑總談]

이에 대하여 우리 한인으로서 별다른 흥미를 가지지 않는다. 총선거를 목전에 둔 중대한 시기인 만치 총선거를 방해하려는 남북 공산당 및 이에 호응하는 일부 계열에서 반드시 총선거를 약체화시키려는 파괴행위나 모략이 있을 것을 예상하였거니와 이같은 책동에 속을 대중은 벌써 아니다.

### 조선국민건의회 담화[朝鮮國民建議會談]

남북요인 협상은 국제공산사회주의 이념과 그에 따르는 모든 정책 제도를 근본적으로 청산하고 전국총선거에 참가하여 민족주의에 입각한 정(正)한 민주의 의(義)로 환원하여 남북통일 중앙정부 수립에 협력한다는 북조선최고기관 및 그 대표자의 성문서

약(成文誓約)이 있기 전에는 우리는 절대 반대한다. 삼천만 동포는 앞에 기술한 성문맹서[前記成文盟誓]가 없는 이상 절대 반대하기를 요구한다.[29]

이 기사를 보면 이른바 남북지도자연석회의든 남북정당·사회단체 대표자연석회의든 다 총선거가 코앞에 다가온 시점에서 볼 때 총선거를 방해하고 그 의미를 퇴색하려는 것 외에는 다른 의미가 없다는 사실을 당시 사람들도 알았다는 점을 확인할 수 있다. 물론 남북협상을 지지한 사람들은 달리 말했지만, 적어도 현실적으로 본다면 김구 등 남북협상론자들의 행태는 비현실적일 뿐 아니라 무책임하다고 할 수 있다. 당시 신문은 이미 선거가 진행되고 있음을 연일 보도하고 있었다. 남북협상설을 보도한 〈동아일보〉 3월 28일 자도 선거인등록부와 선거인명부 용지를 각 도에 배포 중이며, 28일 완료된다는 소식을 전하고 있다. 이런 가운데서도 김구는 '평양으로 가는 길'에 골몰했다.

## 보이지 않는 손

앞에서 김구가 평양행을 결심하고 추진하는 과정을 살펴보았

---

29   〈동아일보〉 1948년 3월 28일 자.

  김구, 만들어진 신화

다. 그런데 김구가 민족 분단을 막고 통일 조국 건설을 위한다는 명분으로 참석한, 이른바 '전조선 정당사회단체 대표자연석회의(남북연석회의)'라는 게 실은 소련 점령군 사령부, 궁극적으로 모스크바의 기획에 따른 것이었음을 밝혀주는 중요한 사료가 있다. 바로『레베데프 비망록』이다.

비망록의 주인공 니콜라이 레베데프 소련군 소장(준장)은 해방 정국 북한을 통치하며 김일성 정권을 탄생시킨 테렌티 스티코프 상장(중장)을 밀착 보좌한 인물로서 일종의 정치 참모였다. 당시 북한을 점령한 소련군 25군 사령관은 치스차코프 대장이었지만 그는 정치를 모르는 야전 군인이었고, 북한의 정치는 연해주 군관구 군사위원회 정치위원인 스티코프가 스탈린의 지침을 받아 수행했다. 스티코프가 북한 정치(통치)의 1인자였다면 레베데프는 2인자였다고 할 수 있다. 따라서 레베데프의 기록은 중요한 사료적 가치를 담고 있다.

레베데프는 제2차 미소공동위원회 직전인 1947년 5월 14일부터 소련군이 북한에서 철수한 1948년 12월 26일까지 약 1년 7개월간 북한에서 임무를 수행하며 자신이 보고, 듣고, 느낀 것은 물론 준비 사항 등 필요하다고 생각하는 점까지 메모해 두었다. 1990년 한소수교 이후 〈중앙일보〉가 소련 모스크바를 찾아가 레베데프를 인터뷰하면서 그 메모의 존재가 알려졌고, 1995년 〈매일신문〉에서 전문을 한글로 번역, 연재해 그 내용이 널리 알려졌다.

레베데프에 따르면 해방정국 북한에서 일어난 일은 어느 것 하나 스티코프를 거치지 않은 게 없을 정도로 스티코프의 영향력은 절대적이었다. 실제로 스탈린으로부터 장차 태어날 북한 정권의 책임자로 낙점받은 김일성이 주체적으로 한 일은 아무것도 없었다. 김일성은 심지어 연설할 때조차 소련군 정치장교들이 작성하고 스티코프가 승인한 연설문을 그대로 앵무새처럼 읊었을 뿐이다. 김일성이 그러했으니 김두봉 등 다른 사람들은 더 말할 나위가 없다. 『레베데프 비망록』은 그러한 당시의 상황을 여실히 보여준다.

1948년 1월 14일 자 레베데프의 비망록을 보면 "(미국 측의) 한국 분단 계획을 폭로한다. 당분간 북한에서 헌법 시행을 보류한다. 선거는 남한보다 늦은 시기에 실시한다"는 '지시'를 메모해놓았다. 이는 스티코프를 통한 모스크바의 지시로 보인다. 이 메모에서 보듯 소련은 북한에 정부(국가)를 수립하기 위해 헌법을 준비하면서도 소련 측에서 먼저 분단 시도를 했다는 비난을 의식해 정권 수립 시점을 남한보다 '늦은 시기'로 잡고 있었다.

소련은 유엔의 의결대로 유엔 감시하 남북한 총선거를 받아들여 소련 위성국 건설을 포기할 생각은 전혀 없었으며, 다만 분단의 원죄를 미국에 뒤집어씌우려 했을 뿐이다. 참고로 남한에서 헌법을 만든 것은 5·10 총선거에서 선출된 의원들로 구성된 국회였다. 그래서 처음 소집된 국회를 제헌국회라 부른다. 이와는 달리 소련은 민의에 의한 의회가 아니라 소련이 직접 북한 정권

   김구, 만들어진 신화

을 구성했다. 남북한 정부의 수립 과정은 이처럼 천양지차다. 대한민국은 명실상부한 독립국가로 탄생했으나 북한 김일성 정권은 괴뢰국으로 태어났다.

1월 22일 자에는 "'인민위원회대회'에 남한 측 대표 약 300명 정도까지 참석시킨다. 두 늙은이(김구와 김규식 – 저자)의 대회 참여를 가능케 해줄 것"을 '김일성의 제안'으로 메모해놓았다. 〈매일신문〉은 레베데프의 비망록을 연재하면서 이 대목에 대해 "흥미로운 사실은 김일성의 제안으로 '전조선인민위원회대회'가 구상되고 있었다는 점"이라고 평가했는데, 레베데프가 '김일성의 제안'이라고 기록한 것은 사전적 의미 그대로의 '제안'이라기보다는 기존 지침에 따른 하나의 의견을 낸 것으로 해석하는 게 맞을 듯하다. 따라서 '구상되고 있었다'는 것도 과도한 해석이라 생각한다. 왜냐하면 당시 북한에서는 스티코프가 모스크바의 지침에 따라 모든 것을 결정하고 실행에 옮겼으므로 김일성이 스스로 기획하고 구상할 입장이나 처지가 아니었기 때문이다. 물론 〈매일신문〉의 해석대로 김일성이 자신의 구상을 '건의'했을 수도 있다. 하지만 그것이 '흥미로운 사실'일 수 없는 이유는 어디까지나 결정권은 모스크바의 지침을 받는 스티코프에게 있었기 때문이다.

〈매일신문〉은 '전조선인민위원회대회' 구상은 실현되지 않았다며 "그 원인과 관련, 북한 측은 남한에서 점차 등장하고 있는 김구·김규식 등 남북협상파와의 통일전선을 염두에 둔 것이 아닌가 한다"라고 해설했다. 이는 김구와 김규식이 남북협상을 먼저 제안했다는 기존의 통설에 따른 것으로, 잘못된 해석이라 할 수 있다. 김구와 김규식이 아니라 북측이 공작 차원에서 먼저 제안했다고 보면 달리 해석할 수 있다. 즉, 김일성이 '전조선인민위원회대회'를 하나의 안으로 제시했지만 스티코프가 이를 받아들이지 않았다고 풀이할 수 있는 것이다.

이어지는 2월 3일 자 메모는 김구·김규식의 남북협상론이 얼마나 허망한 것인지를 여실히 보여준다. 다음이 그 대목이다.[30]

**(1948년) 2월 3일**

**모스크바와 교신, 바리노프와 툰킨의 지시**

① 헌법을 공표할 수 있다.

② 각 부서에 대해서는 중요치 않은 내용들을 공표할 수 있다.

③ 퍼레이드는 할 수 있음. 스티코프는 바리노프를 통해 지시한 대로 퍼레이드를 진행토록 지시했다. 스티코프 – 모스크바 근교 별장에서.

(註: 다음은 인민회의에 대한 지시임)

① 정해진 바대로의 의사일정

② 김두봉이 발언하라는 결정이 채택되었다.

③ 전 인민의 토의를 위한 헌법 초안을 공표한다.

---

30    괄호 안의 주註는 〈매일신문〉이 단 것이다.

　　　　　　　　　　　　　　김구, 만들어진 신화

### 스티코프와 툰킨의 지시

- 3월에 헌법 비준을 위한 인민회의를 소집하고, 인민위원회대회는 소집하지 말 것.

  (註: 앞에서 언급했듯이 김일성이 제안한 「전조선인민위원회」 구상은 모스크바에 문의 결과 거부되었다)

- 민족보위국을 창설할 것(註: 민족보위국 – 우리의 국방부에 해당함)

- 퍼레이드를 할 것.

- 선서를 하지 말 것.

- 군대 창설에 대해 밝힐 필요는 없다.

- 퍼레이드를 하고 조선인민군의 퍼레이드에 대해서만 방송하라. 창설 동기는 밝힐 필요가 없다.

김일성 정권을 세우는 과정에서 모스크바의 지침과 스티코프의 지시 사항을 메모한 대목이다. 이를 보면 하나에서부터 열까지, 심지어 누가 연설할 것인지와 어떤 내용을 방송할지 등에 대해서조차 모스크바와 스티코프가 지시했음을 알 수 있다. 주목할 것은 '헌법을 공표할 수 있다'는 메모다. 이는 남북연석회의에서 헌법을 공개할 수 있다는 뜻인데, 명분상 필요에 의해 남한에서보다 늦게 정부를 출범시킨다 해도 남북한의 모든 정당과 사회단체 대표자들이 모인 가운데 헌법 논의를 공식화함으로써 남북한 통일정부를 세우는 모양새를 취하려는 의도로 해석할 수 있다.

또 하나 눈에 띄는 것은, 스티코프가 퍼레이드를 지시했다는 메모다. 이 퍼레이드는 남북연석회의 직후 김구가 지켜보았던 북한군 열병식을 지칭하는 것으로 보아야 할 것이다. 스티코프는 왜 퍼레이드를 보여주라고 했을까. 당연히 북한군의 위용을 과시함으로써 연석회의 참석자들에게 북한 정권 및 그 정권을 길러낸 소련의 우월성을 과시하려는 의도였을 것이다. 그리고 스티코프의 의도는 적중했다. 김구가 그 퍼레이드를 보고 대한민국 정부가 수립되더라도 이내 무너질 것으로 생각했으니 말이다.

이렇듯 북한에 김일성을 수령으로 한 공산주의 정권을 수립하려는 소련의 계획이 착착 진행 중인 상황에서 한국인끼리 하는 남북협상이라는 게 무슨 의미가 있을까. 김구·김규식과 김일성·김두봉이 어떤 협약을 맺든 그것이 소련의 의도에 부합하지 않으면 아무 의미도 없었다. 그런데도 김구는 기어이 북행을 고집했다. 이는 국제 정세와 소련 공산주의에 대한 이해와 통찰이 부족한 데다 정치적 야망까지 더해진 결과라고 풀이할 수 있다. 그런데도 한국 사회는 김구의 진짜 모습은 애써 외면한 채 오히려 그것을 김구 우상화의 재료로 삼는다.

앞에서 언급했듯 2000년 8월 12일, KBS는 〈역사스페셜 – 발굴 스티코프의 비밀수첩, 김구는 왜 북으로 갔나?〉라는 제목의 프로그램을 방송했다. 이 프로그램이야말로 김구의 거짓을 신화의 재료로 삼은 대표적 사례다.

이 방송의 내레이션은 해방정국 북한의 실권자였던 스티코프



김구, 만들어진 신화

의 수첩을 발굴했다며, 거기에 '김구'의 이름이 적혀 있음에 주목했다. 그러면서 "왜 김구의 이름이 나온 것일까?"라고 호기심을 자극한다. 이어 해설자가 등장해 이 수첩에 김구의 이름이 가장 많이 등장한다며 "스티코프는 왜 백범 김구에게 주목했던 것일까?"라고 다시 한번 시청자의 흥미를 북돋운다. 시청자들은 뭔가 알려지지 않은 역사적 사실이 공개되리라는 기대와 예감에 사로잡히지만, 곧 배신감을 느낄 수밖에 없다. 방송을 끝까지 보아도 스티코프가 왜 김구를 주목했는지는 설명하지 않기 때문이다. 초반에 거창하게 역사의 비밀이라도 발견한 듯 시청자들을 주목하게 한 것은 사실 '낚싯밥'이었던 셈이다.

도입부 내레이션 및 해설과는 달리 방송은 김구가 해방 전 독립운동 과정에서 좌우합작 노력을 했으며, 그 당시 김두봉과 긴밀한 사이였음을 지루하게 '설명'한다. 김구가 김일성·김두봉에게 편지한 것이 독립운동 기간 좌우합작 노력의 연장선에 있다는 것을 이야기하려 한 것이다. 그러나 독립운동기의 좌우합작과 해방공간에서의 남북합작은 전혀 차원이 다른 일이다. 그런 까닭에 구성과 해설은 스토리를 최대한 극적으로 전개하려 했지만 이미 알려진 내용을 재구성한 것일 뿐이어서 시청자들로서는 배신감을 지우기 어렵다. 그러면 KBS는 왜 이런 맹랑한 프로그램을 만들었을까.

방송이 전하는 메시지는 분명하다. 김구의 북행은 분단을 저지하고 통일정부를 건설하기 위한 것이었음을 강조하는 내용이다. 이는 이전까지 대중을 세뇌해온 이야기를 되풀이한 데 지나지 않는다. 그런데도 그 구태의연한 이야기를 되풀이하는 데는 까닭이 있어 보인다. 즉, 김구가 김일성 정권의 수립에 이용당했다는 비판을 반박함으로써 김구 신화가 손상되지 않게 하려는 의도가 엿보인다. 하지만 레베데프의 비망록 3월 12일 자 메모 중 다음 대목을 보면 김구의 의도가 무엇이었든 김일성의 생각은 달랐다는 사실을 알 수 있다.

### 김일성과의 대화

**김구가 김두봉에게 보낸 편지**

어리석은 인간 김구이기 때문에 반드시 만날 필요가 있고 그를 설득할 수 있다. 그러면 그는 동의할 것이다. 그는 심지어 북쪽에 머물러 있을 수도 있다. 그에게 지위를 준다. 즉각 답을 바란다.

당시 스티코프는 김구를 남북연석회의에 참석시키라고 지시해놓았는데, 레베데프는 이에 대해 김일성과 대화를 나눈 듯하다. 이 내용을 보면 김일성이 김구를 훤히 읽고 있다고 자신했다는 점을 알 수 있다. 김일성은 레베데프와 대화하면서 김구가 어리석은 인간이므로 충분히 설득할 수 있고, 심지어 북에 머무르게 할 수도 있다고 했다. 그러면서 김구에게 지위를 주면 어떻겠느냐며 스티코프, 나아가 모스크바의 답을 기다린다고 말했다.

김일성은 무슨 생각을 했던 것일까. 아마도 김일성은 남한에 밀파한 간첩들, 곧 '권위 있는 선'들로부터 올라오는 첩보를 받아 보고 있었을 것이다. 그리고 성시백을 통해 김구가 무엇을 기대 하고 욕망하는지 파악했다고 보아도 무리가 없을 것이다. 그래서 김구에게 상징적 자리를 제안하면 김구가 이를 받아들일 것으로 믿었던 듯하다. 실제로 김구가 김일성을 단둘이 만났을 때 의탁 을 부탁하자 김일성은 이를 흔쾌히 받아들였다.

레베데프의 3월 10일 자 메모는 김구와 김규식이 자신들의 의 도와는 관계없이 스티코프라는 '부처님 손바닥' 위에서 놀았음을 보여준다.


### 3월 10일

- **스티코프에게**

  1. 김일성과 김두봉의 이름으로 김구와 김규식에게 보내는 편 지에 대하여

  2. 김구와의 관계에 있어서 우리들의 선동 노선에 대해서

- **만일 그 김구가 모스크바 결정에 대해 다른 입장을 취한다면 어떤 사태로 귀결되는 것일까. 그동안의 정책은 어디로 귀결되 는가.**

- **3월 10일 스티코프의 명령**

  −어떤 집회에 대해서도 이야기하지 말 것

  −이승만을 1910년 일본에 한국을 팔아먹은 조선 관리들과 비

교한다.

- 이승만에 대한 기사와 캐리커처

- 신문 사설에서 다음과 같이 논할 것

  한국 문제에 관한 모스크바 결정에 대해서 김구가 취했던 입장은 결국 지금까지 통일정부의 수립과 한국의 통일을 이루지 못하게끔 만드는 결과로 귀결되었다. 바로 이 점을 상기시킬 것. 공동위원회에서 소련대표단이 얼마나 옳았는가에 대해 언급할 것.

이 대목을 보면 김구와 김규식이 김일성이라는 허깨비를 상대로 아무 의미도 없는 협상이라는 것을 하겠다고 나섰음을 알 수 있다. 모든 결정은 스티코프가 했기 때문이다. 레베데프는 김구에 대해 어떻게 대응할 것인가 등을 스티코프에게 묻고 그에 대한 스티코프의 지시를 메모로 남겼다. 우선 시선을 끄는 것은, 스티코프가 이승만에 대한 악선전을 지시하고 있다는 점이다. 스티코프는 이승만을 나라를 팔아먹은 매국노들과 비교하는 기사를 캐리커처와 함께 북한에서 발행하는 신문에 실을 것을 명령했다. 남북연석회의를 추진하면서 이를 뒷받침하기 위해 단독선거 주창자인 이승만을 공격하려 한 것이다.

주목할 것은 모스크바의 결정에 김구가 취했던 입장이 결국 당시까지 통일정부 수립과 한국의 통일을 이루지 못하게 만드는 상황으로 귀결되었다는 점, 미소공동위원회에서 소련 측의 입장이 옳았다는 점을 신문 사설에서 논하라고 한 내용이다. 이 내용은 김일성이 김구와 김규식 앞으로 보낸 편지에 고스란히 반영돼 있다. 그래서 김구와 김규식이 허깨비를 상대하고 있었다고 말하는 것이다.

3월 24일 자 메모는 김일성 정권이 수립되는 과정에서 세세한 일정과 내용까지 스티코프를 통한 모스크바의 지침으로 이루어졌다는 사실을 적나라하게 보여준다.


### 3월 24일

**전원회의에서 김일성에게 지시**

- 남북한 정세 보고는 김일성파 김두봉파 허헌파(남로당위원장인 박헌영이 보고를 못할 경우) 3개 그룹 대표가 한다.
- 의견을 교환한 후 정치 정세에 대한 결정을 채택한다.
- 회의 일정을 채택한다.

〈첫날 회의〉

1. 개회사

2. 주석단 당수 단체 지도자

3. 회의 순서와 절차 채택

〈2일째 회의〉

1. 첫 번째 문제에 대해 개의 보고. 토론은 15분

2. 첫 번째 문제에 대한 결정서 작성을 위한 위원회 선출

※ 축사

김두봉, 김구, 허헌, 김규식, 김달현(북조선천도교청우당 당수), 이극로
(건민파 대표), 최용건(조선민주당 당수), 김원봉(조선인민공화당)

8명 축사자 이름은 밝힌다. 회의 후 경축 공연은 합창과 오케
스트라

〈3일째 회의〉

1. 토론 후 첫 문제에 대한 결정서 채택

2. 두 번째 문제의 보고자는 허헌(許憲)

보고 내용은 선전 효과와 조직에 대해 강조할 것

**김일성에게 지시**

－48년 8월 15일까지 소련과 미국 정부에 보내는 소미 양군

철수에 관한 메시지를 채택할 것

－남한의 총선을 파탄시키기 위한 투쟁위원회를 결성할 것


김구는 이런 사실을 몰랐을까. 물론 이토록 세세하게 소련이
기획, 연출한 것까지는 몰랐을 수도 있다. 하지만 실권자가 한국
인이 아니라 소련이었다는 사실을 몰랐다면 그는 정치에 관여해
서는 안 되었다. 왜냐하면 미국과 자유민주주의, 그리고 이에 대
비되는 소련과 공산주의에 대해 분별하지 못하고 그토록 무지했
던 사람이 해방정국의 중요한 국면에서 정치 전면에 나섬으로써
대한민국 탄생에 재를 뿌렸을 뿐 아니라 후대에도 그릇된 가치
를 심어주었기 때문이다. 이상과 현실을 구분하지 못할뿐더러 허
울만 앞세우는 통일관이나 대북관이 국민의 의식을 사로잡고 있



김구, 만들어진 신화

는 현실이 인간과 세계에 대한 인식 및 지적 수준이 낮았던 김구의 정치 참여로 빚어졌다고 생각되기 때문이다. 그가 독립운동에만 그쳤더라면 오늘의 어처구니없는 현실은 빚어지지 않았을지도 모른다.

3월 26일 자 메모도 당시 북한의 상황과 남북연석회의의 은밀한 배경을 보여준다.

### 3월 26일

- 남조선 방송을 청취할 수 있는 일체의 라디오를 통제하라고 김일성에게 지시
- 스티코프와의 대화

① 북한 인민들은 다른 당의 참석을 반대하지 않는다.

② 조선 인민은 미군정과 유엔한국임시위원단 없이도 한국 문제를 해결할 수 있다.

- **남북대표자연석회의는 모스크바 결정을 바탕으로 한다.**

- 누가 미소공위를 결렬시켰으며 어떤 결과를 초래했는가. 벌써 정부 없이 3년을 보냈다. 모스크바 결정이 시행되었더라면 상황은 달라졌을 것이다. 즉 정부가 이미 수립됐을 것이다

- **남북대표자연석회의 준비를 시작해야 한다. 자료 준비가 중요하다.**
- **대회에 대해서는 보안을 유지한다.**
- **스티코프가 불가닌 국방차관을 만나기 위해 월요일에 모스크바에 간다.**

- 남북연석회의에서 제정당의 단합을 반드시 강조하고 여타 소
  수 정당들을 격려해야 한다.

스티코프와의 대화를 정리한 이 대목은 앞에서 확인한 바와
같이 김일성이 김구·김규식에게 보낸 편지의 핵심 메시지를 담
고 있다. "누가 미소공위(미소공동위원회)를 결렬시켰으며 어떤 결
과를 초래했는가. 모스크바 결정이 시행되었더라면 상황은 달
라졌을 것이다. 정부가 이미 수립되었을 것이다"라는 내용이 그
것이다. 이는 물론 스티코프의 지시다. 스티코프는 이에 앞서
"남조선 방송을 청취할 수 있는 일체의 라디오를 통제하라"고
지시했다. 그러면서 보안을 유지할 것을 주문한다. 이는 북한 주
민들을 외부 세계와 격리하는 조치다. 김일성 정권 수립은 이처
럼 완벽한 통제 속에서 진행되고 있었다. 그리고 김일성 정권 수
립에 정당성을 부여하기 위해 "남북연석회의에서 제정당의 단
합을 반드시 강조하고 여타 소수 정당들을 격려해야 한다"고 지
시하고 있다.

다음의 4월 14일 자 및 15일 자 메모도 남북연석회의의 실체
를 적나라하게 보여준다.


## 4월 14일

### 스티코프와의 협의 오후 7시

- 입북한 정당 대표들의 명단을 보도할 것인지 남한 사람들과



김구, 만들어진 신화

협의하라.

- 그들의 사진은 회의에서 논의하라.

- 신문에 공개·비공개 대상자는 해당자들이 결정하되 나의 재

  가를 받을 것

- 김원봉(金元鳳: 조선인민공화당 당수)의 공개 또는 비공개 여부

- 본인과 상의 신중히 결정하고 나의 재가를 받을 것

**스티코프의 지시**

- 남조선 대표들이 사전에 연설을 준비토록 그 내용을 지도

- 연설 내용에 스탈린의 말을 인용

- 회의에 대한 라디오방송 홍보 계속


## 4월 15일

**김일성에게**

- 인민회의를 4월 말 소집할 것

- 인공기와 인민군기를 제작하되 붉은색과 청색, 흰색과 검은색

  (선과 악 상징)을 배합하도록 할 것


스티코프는 입북한 정당 대표들의 명단과 사진의 공개 여부를 당사자들과 논의하되 최종적으로 자신의 재가를 받도록 지시하고 있다. 또 남쪽에서 올라간 사람들의 연설을 사전에 준비하게 하고 그 내용을 '지도'하되, 스탈린의 말을 인용할 것까지 지시하고 있다. 이렇게 철저히 기획된 행사를 외국인이 배제된 우리 민

족끼리의 협상이라고 생각할 수 있을까. 오늘날의 관점이 아니라 당시 사람들도 일반적으로 다 알고 있었다. 그런데도 김구가 남북연석회의에 집착했던 이유는 정치적 목적 외에 다른 배경으로 설명하기 어렵다.

메모에서 보듯 소련은 북한의 국기인 인공기와 군대 깃발인 인민군기를 어떻게 만들 것인가까지 지시하고 있다. 이는 김일성 등 한인 공산주의자들의 의지는 당시 아무 의미도 없었음을 웅변해준다.

그런데 앞에서 잠깐 보았듯 남북연석회의에 대한 김규식의 태도는 김구와는 달랐다. 태도가 목적이나 의도를 반영한다고 볼 때, 이는 남북연석회의에 대한 김규식과 김구의 의도와 목적이 달랐음을 유추하는 단서가 된다. 다음 기사가 그러한 차이를 보여준다.

> 평양에서 개최될 남북요인회담에 김구 씨는 자신이 직접 참석하기로 결정하고, 김규식 박사는 참가를 보류하였다 함은 기보(旣報)한 바 있었는데 김규식 박사도 14일의 민련정치업무상무연석회의(民聯政治業務常務連席會議)의 결의와 측근자(側近者)의 권고로 자신이 직접 참석키로 결정하였다고 한다. 그런데 지난 13일 하오 1시부터 경교장에서 개최된 회합에서 김규식 박사는 금번의 평양회담은 예비회담으로 하고 본회의는 서울서 개최할 것과 유엔조위(朝委)의 북조선 입경을 허용하여 남북 총선거로 통일정부



김구, 만들어진 신화

수립토록 북조선 측과 교섭할 것 등 4개 조건을 제시하였는 바 김구 씨는 이에 반대하고 유엔 조위와의 관계는 일체 포기할 것을 주장하여 양 김 씨 간 약간의 의견 대립이 있었다 하며 김 박사는 동 회합에서 불참할 것을 표명하였다 한다. 그런데 김 박사는 참석 여부에 대하여 언급을 회피하고 있어 앞으로 동 박사가 취할 태도가 또한 주목되는 바이다.[31]

여기서 볼 수 있듯 김규식은 평양에서 열리는 회담을 예비회담으로 하고 본회담은 서울에서 개최할 것과 유엔위원단의 입북 허용으로 통일정부를 수립하도록 북측과 교섭할 것 등 4개 조건을 제시했다. 이는 그가 남북협상을 통일정부 수립을 위한 실질적 계기로 삼기 위해 고심했다는 것을 보여준다.

그런데 김구는 이에 반대했을 뿐 아니라 유엔위원단과의 관계는 일체 포기할 것을 주장했다. 이는 소련의 지침에 충실했던 것이라 할 수 있다. 남북협상 성사를 위해 김일성을 통해 전해진 소련의 요구를 거스르려 하지 않았다는 의미에서 그렇다. 이를 통해 확인할 수 있는 것은, 김규식과는 달리 김구는 남북회담 자체에 의미를 부여하고 있었다는 사실이다.

김규식은 정치인이라기보다는 학자에 가까웠고, 정치적 야망도 없었던 인물로 알려져 있다. 위에서 인용한 신문 기사를 보아

---

31  〈동아일보〉 1948년 4월 16일 자.

도 그는 사심 없이 통일정부 수립을 위해 평양회담을 예비회담으로 하고 본회담은 서울에서 열게 함으로써 남북 총선거를 모색하려 한 흔적이 뚜렷하다. 반면 김구는 남북회담 자체가 목적이었다. 그래야 정치적으로 새로운 돌파구를 만들 수 있다고 생각했을 것이다. 그 때문에 그는 어떻게든 북으로 올라가야 했고, 김규식과 의견 대립을 빚은 것도 그래서였다고 볼 수 있다.

지금까지 살펴본 대로 김구는 통일의 화신이라고 할 수 없는 인물이다. 그의 남북협상 주장은 지고지순한 통일 열망에서가 아니라 정치적 야심에서 비롯된 것이었음이 분명하다. 그런 점에서 볼 때 그는 통일의 화신이라기보다는 권력욕의 화신이었다.



김구, 만들어진 신화

# 백범일지의 진실

2부

## 수천 명을 이끈 동학 지도자?

『백범일지』는 김구 신화화의 토대가 되는 책이다. 그런데 『백범일지』를 읽다 보면 문득 의문이 생긴다. 독립운동가들 가운데 독립운동과는 무관한 신변잡기까지 곁들이며 자신의 삶을 기록으로 남기고자 한 인물은 찾기 어렵다. 설혹 있다 해도 김구처럼 자신을 과장하고 미화하는 경우는 없다. 독립운동가들은 대부분 자신의 삶을 당대에 알리거나 후대에 남기기보다는 독립운동의 역사나 독립의 당위, 대의를 설파했다. 또한 자신을 주인공으로 내세우기보다는 독립운동 동지를 기리고 그 공적을 알리기 위해 책을 썼다. 그래서 설혹 자신의 삶을 이야기한다 해도 그건 독립운동 역사나 동지들의 활약을 전하기 위한 계기나 배경으로서였을 뿐이다. 조소앙趙素昻은 김구와 비슷한 시기에 자기 이야기가 아니라 독립운동가 82인 열전을 다룬 『유방집遺芳集』을 썼다.

김구는 전혀 달랐다. 그는 오로지 자신을 과장되게 드러내려는 목적에서 깊이 있는 사색이나 철학이 담겨 있지도 않은 책 『백범일지』를 쓴 게 분명하다. 그런 점에서 『백범일지』는 김구 신화화의 시초라 할 수 있을 것이다.

김구의 목적은 십분 달성되었다. 『백범일지』가 다양한 버전으로 대중에 전파돼왔다는 점에서다. 일례로 어느 공공도서관이든 어린이 코너에 가면 『김구』, 『김구:아름다운 나라를 꿈꾸다』, 『김구:독립과 통일을 외친 큰 스승』, 『김구의 소원, 하나된 조국』, 『김구:독립운동의 끝은 통일』 등의 어린이 책이 꽂혀 있다는 사실이 이를 말해준다.

그런데 이 어린이 책들은 물론 수많은 김구 관련 책에서 김구가 과장하거나 심지어 창작해낸 『백범일지』 속 이야기가 의심의 여지 없는 역사적 사실로 인용돼 확대 재생산되고 있다. 어린이 책들 중에는 심지어 『김구:대한민국의 기틀을 다진 지도자』라는 제목의 책도 있다. 정작 김구는 대한민국 건국을 반대하고 인정하지 않았는데 그를 대한민국의 기틀을 다진 지도자라고 칭송하는 게 현실이다.

그뿐 아니다. 김구가 신화가 되면서 『백범일지』가 역사에 미치는 힘도 커져 마땅히 기려야 할 독립운동 영웅들마저 묻혀버리거나 조명받지 못하는 결과를 낳기도 한다. 이러한 현상은 역사학계, 나아가 한국 사회의 천박성을 반영한다고 볼 수 있다. 김구가 말하거나 기록으로 남긴 것은 무조건 진실이고 사실이라고 믿는 풍토를 천박하다는 말 외에 무슨 말로 표현할 수 있을까.

김구는 열여덟 살에 동학교도가 되어 이후 동학농민전쟁에 참여했다고 『백범일지』에 썼다. 그런데 사실 확인이 안 되거나 믿을 수 없는 내용 등 의문투성이다. 우선 그가 동학에 입도해 수많은 사람에게 포교했다는 대목부터가 그렇다. 김구는 동학 접주가 된 사연을 이렇게 설명했다.

나는 곧바로 예물을 가지고 가서 입도하여 동학을 열심히 공부하기 시작했고, 아버님도 동학에 입도하셨다. 당시 양반들은 동학에 가입하는 자가 드물었던 반면, 내가 상놈인 만큼 상놈들이 동학으로 많이 쏠려 들어왔다. 불과 수개월 만에 연비가 수백 명에 달했다.

당시 나에 대한 근거 없는 이야기가 인근에 두루 유포되었다. 사람들이 찾아와서 "그대가 동학을 해보니 무슨 조화가 생기더냐?"고 물으면, 나는 "나쁜 일을 하지 않고 선한 일을 하게 하는 것이 동학의 조화이다"라고 정직하게 대답하였다. 그러나 듣는 이들은 내가 자기네들에게 아직 조화를 보여주지 않은 것으로 생각하고 "김창수[32]가 한 길 이상 공중에서 걸어가는 것을 보았

---

32　김구의 개명 전 이름.

　　　　　　　　　　김구, 만들어진 신화

다"고 한 것이다. 나의 도력에 대한 근거 없는 소문은 황해도는 물론이고 평안남북도에까지 퍼져 연비가 수천에 달하였다. 나는 황해도·평안도의 동학당 중 나이가 어린 자로 가장 많은 연비를 가졌기 때문에 별명이 '아기 접주(接主)'였다.[33]

접주는 동학에서 포교소, 즉 접(接)의 책임자인데, 김구는 수천 명의 연비를 가졌다고 했다. 그가 지내던 황해도는 물론 멀리 평안남북도에 이르기까지 수많은 사람이 그를 찾아왔다는 얘기다. 김구가 직설적으로 사람들이 자신을 찾아왔다고 하지는 않았지만, '연비'라는 말이 그의 포교로 그를 따르는 사람을 뜻한다고 할 때 그렇게 이해하는 게 이상하지 않다. 그런데 과연 그 넓은 지역에서 그렇게 많은 사람이 김구를 찾아와 그의 동학에 대한 설교에 감명받아 그를 따르게 되었다는 이야기가 사실인지는 지극히 의문이다.

동학의 접주 자격은 포교 능력에 따라 부여했는데, 포교 인원이 105명 이상인 사람은 접주, 500명 이상은 대접주가 되었다.[34] 따라서 수천 명을 연비로 가졌다면 대접주를 넘어 도주나 그에 버금가는 교단의 중간 지도자급 인물로 활약했거나, 최소한 천도교(3대 교주 손병희가 동학을 천도교로 개칭)의 역사를 기록한 서적이나 연

---

33   도진순 주해, 『백범일지』, 돌베개, 43쪽.

34   한국학중앙연구원, 『한국향토문화전자대전』, '천도교 편'.

구서에 이름 석 자가 올라 있을 법한데 어디에도 김창수라는 이름은 보이지 않는다. '아기 접주'라는 별명이 말 그대로 하나의 별명이었을 수도 있겠지만, 그렇다 해도 천도교를 다룬 연구서 어디에도 김창수라는 이름이 등장하지 않는다면 그가 수천의 연비를 가졌다고 믿기는 어렵다. 단순히 과장이라고 볼 수도 있지만, 그러기에는 연비 수가 너무 많다. 어쩌면 김구 자신의 소망이 반영된 허구일 가능성이 크다.

문제는 그다음이다. 김구는 황해도 지역 동학교도 대표 중 한 사람으로 뽑혀 동학의 2대 교주 해월海月 최시형을 만났다고 기록했는데, 『백범일지』 외에 다른 어떤 기록에서도 이 내용이 확인되지 않는다. 김구의 기록을 보자.

> 계사년(癸巳年) 가을에 오응선, 최유현 등이 충청도 보은(報恩)에 계신 해월 대도주에게 각기 자기 연비를 보고하라는 경통(經筒)에 따라 황해도에서는 명망 있는 도유(道儒) 열다섯 명을 선발하는데 나도 뽑히게 되었다. … 접대인에게 우리 일행 열다섯 명의 명단을 주어 해월 선생에게 통지하였다. 시간이 지나고 나서 황해도 도인들을 부른다는 통지를 받고 우리는 일제히 인도자의 뒤를 따라 해월 선생이 계시는 처소에 갔다. … 우리 일행 중에 대표가 열다섯이 각각 만든 명단을 선생 앞에 드렸다.[35]

---

35    도진순 주해, 『백범일지』, 돌베개, 43~44쪽.

    김구, 만들어진 신화

이 기록에 대해 정확히 검토한 글을 소개한다.

> … 백범의 주장에 의하면 그의 연비는 무려 수천에 달했다고 하지 않았는가? 그러나 이돈화(李敦化, 1884~?)가 편술한 『천도교창건사』 등 동학이나 시천교, 천도교 등의 자료 어디에도 19살 접주, 김창수는 등장하지 않는다. 결정적인 자료가 있다. 『백범일지』에도 등장하는 최유현(崔流鉉)이 1918년에 정리하고 1920년에 편찬한 『시천교역사(侍天敎歷史)』를 보면 최유현 등 황해도 대표가 보은을 방문하여 최해월(최시형)로부터 접주 임명을 받는 장면이 나온다.

> 1894년 9월 18일 … 최유현을 비롯하여 정량(鄭樑), 강관영(姜寬泳), 이태래(李泰來), 이남영(李南永), 이구세(李久世)가 절을 하자 … 대선사(최시형)는 크게 기뻐하면서 '북쪽의 교인은 어찌 이리 늦게 나타났느냐' 하고 반기면서 최유현을 해서(海西) 수접주(首接主)로 임명했다.

> 김구에 의하면 계사년(癸巳年, 1893년) 가을에 오응선, 최유현 등이 경통(敬通)을 받고 충청도 보은에 있는 해월 대도주를 방문하는 일행 열다섯 명에 자신도 선발되어 최시형을 만났고, 그곳에서 접주 첩지를 받았다고 한다. 계사년은 갑오년(甲午年, 1894년)의 착오라고 하더라도 김구는 자신의 입으로 분명히 정식 접주가 되

었다고 했다. 하지만 최유현은 자신 외 6명이 대선사를 방문했고 자신은 해서(海西) 수접주로 임명되었다고 기록했다. 김구의 주장과 차이가 너무 많다. 15명과 6명의 차이 그리고 김창수는 아예 언급이 없다.[36]

어찌 된 일일까? 『백범어록』과 『시천교역사』 중 하나는 역사적 사실과 다르게 기록하고 있다는 얘기인데, 어느 쪽에 잘못이 있을까. 한 가지 고려할 것은 최유현이 동학(시천교)의 역사를 정리하면서 황해도 대표 중 한 사람이자 연비 수천을 거느린 김창수를 빠뜨릴 리 있겠느냐 하는 점이다. 특히 두 사람이 함께 교주 최시형으로부터 접주 첩지를 받았고, 최유현이 해서(황해도 – 저자) 수접주로 임명되었다면, 그가 김창수라는 이름을 기억하지 못하거나 착오로 빠뜨릴 가능성은 거의 없다고 보아야 한다. 그런데 김구 또한 착오를 일으켰다고 보기는 어렵다. 최시형을 직접 만나 접주 첩지를 받았다는 것은 동학교도로서는 매우 특별한 '사건'이므로 오랜 시간이 흐른 뒤라도 착오를 일으킬 리 없는 데다 김구가 현장을 자세히 묘사하고 있기 때문이다.

그렇다면 어떤 기록이 잘못일까. 『백범일지』의 그다음 대목에서 단서를 찾을 수 있다.

---

36  김상구, 『(친일파가 만든 독립영웅) 김구 청문회 1』, 매직하우스, 16~17쪽.

                              김구, 만들어진 신화

우리가 그 방에 있을 때 선생께 보고하는 것을 들었다. 그 내용은
"남도지방의 각 관청에서 동학당을 체포하여 압박하는 반면, 고
부(古阜)에서는 전봉준(全琫準)이 벌써 병사를 일으켰습니다."
"아무 군수는 도유(道儒)의 전 가족을 체포하고 가산 전부를 강탈
하였습니다."
등이었다. 선생은 진노하는 안색에 순 경상도 어조로,
"호랑이가 물러 들어오면 가만히 앉아서 죽을까! 참나무 몽둥이
라도 들고 나가서 싸우자!"

선생의 이 말은 곧 '동원령'이다. 각지에서 와서 대령하던 대
접주들이 물 끓듯이 밀려 나가기 시작하였다. 우리 열다섯 사람
에게도 접주로 임명하는 첩지(帖紙)를 내려주는데, 첩지 원형에
전자체(篆字體)로 새긴 해월인(海月印)이 찍혀 있었다.

선생에게 하직 인사를 드리고 난 뒤 우리는 속리산을 구경하
고 귀로에 접어들었다. 돌아오는 도중 곳곳에서 흰옷을 입고 칼
찬 동학당을 만났다. 광혜원(廣惠院)[37] 장(場)에 도착하니 수만의
동학군이 진영을 차리고 행인들을 검사하였는데, 그곳에서 볼만
한 것은 양반으로 평소 동학당을 학대하던 자들을 잡아 와서 길
가에서 짚신을 삼게 하는 것이었다.

동학군은 우리 일행의 증명서를 보고는 무사히 통과시켰다.
부근의 촌락에서는 밥을 짐으로 지어서 도소(都所)로 보내는데

---

37  충북 진천군 만승면 광혜원리. 진천군의 북부지역으로 경기도와 인접한 곳. - 도진
순 주해 인용.

그 수를 헤아릴 수 없을 정도로 많았다. 한편 동학당이 몰려와 집회하는 것을 보고 놀라 논에서 벼를 베던 농군들이 낫을 버리고 도망가는 것도 보았다. 경성을 지나는데 벌써 경군(京軍)이 삼남 지방을 향하여 행군하는 것도 보았다.

김구는 자신이 교주 최시형을 만났을 때, 그 자리에서 전봉준이 봉기했다고 보고하는 것을 직접 보고 들었다고 기록했다. 심지어 최시형이 진노하는 안색을 하며 순 경상도 어조로 "호랑이가 물러 들어오면 가만히 앉아 죽을까! 참나무 몽둥이라도 들고 나가서 싸우자"고 했다며, 그게 동원령이었다고 역사적 순간을 눈앞에서 직접 본 것처럼 썼다. 이렇게 기막힌 역사의 우연이 있을까.

교주 최시형이 진노하는 표정이며, 참나무 몽둥이라도 들고 싸우자고 말했다는 점으로 미루어 최시형이 전봉준의 봉기 소식에 대한 최초의 보고를 들었다고 짐작할 수 있는데, 하필 김구 일행이 접주 첩지를 받는 자리에서 그런 역사적 사건이 펼쳐졌다는 게 우연이라고 하기에는 너무 공교롭다. 전국의 접주들이 한날 첩지를 받았을 리는 없고, 지역에 따라 최시형을 면대했을 듯한데 김구 일행이 첩지를 받던 날이 그 역사의 순간이었다니 공교롭다는 이야기다.

더욱이 김구는 "(최시형의 동원령에) 각지에서 와서 대령하던 대접주들이 물 끓듯 밀려 나가기 시작했다"고 하면서도 정작 자기 일행은 첩지를 받고 난 뒤 속리산 구경을 하고 귀로에 접어들었다

 　김구, 만들어진 신화

고 했다. 다들 분기탱천해 각지의 봉기를 위해 밀려 나가는 장면을 직접 눈으로 보았으면서도 한가로이 '속리산 구경'을 했다니, 이걸 어떻게 이해해야 할까.

김구는 귀로에서 이미 수만의 동학군이 일정 지역을 장악한 모습을 보았으며, 정부 진압군(경군)이 삼남 지방으로 행군하는 것도 보았다고 했다. 진압군이 서울(경성)에서 가까운 곳에 있는 동학군은 놔둔 채 삼남 지방으로 출동했다니, 이 또한 이상하다.

최시형을 만나 첩지를 받는 자리에서 봉기 보고가 이루어졌다는 이야기나 이미 수만의 동학군이 경기도에 접한 충청북도(광혜원)에 진을 치고 있었다는 것, 그리고 진압군이 삼남 지방으로 출동하는 장면에 이르기까지 역사의 주요 장면을 이렇게 고스란히 직접 목격한다는 게 가능할까. 직접 본 것과 전해 들은 사실을 종합했다면 모르거니와, 그 모든 걸 직접 눈으로 보았다고 하니 신빙성이 떨어진다. 솔직히 믿기 어렵다. 최유현의 기록과 김구의 기록 중 어느 것을 믿어야 할지는 분명해 보인다.

이후 동학농민전쟁의 선봉에서 활약했다는 기록도 믿기 어려운 건 마찬가지다.

> 갑오년(甲午年, 1894년) 9월경 우리는 고향으로 돌아왔다. 황해도에도 양반과 관리의 압박이 있는 데다 삼남에서 향응하라는 경통이 잇따라 도착하여, 우리 15인 접주를 위시하여 회의한 결과 거사하기로 결정하였다. … 나는 팔봉산 아래 산다고 해서 팔봉이

란 접명(接名)을 짓고, 푸른 비단에 '팔봉도소(八峯都所)' 넉 자를 크게 쓰고, 표어로는 '척왜척양(斥倭斥洋)' 넉 자를 써서 높이 걸었다. 우리는 회의 결과 곧바로 거사하면 경군과 왜병이 와서 접전이 될 터이니, 동학 연비 중 무기 가진 자를 모아 우선 군대를 편성하기로 하였다. 나는 본래 산골 출신인 데다 상놈이기 때문에 나의 연비에는 산포수가 가장 많았다. 사람들은 인근 부잣집에서 약간의 호신용 무기를 거두어 오기는 하지만 무기는 대부분 산포수들이 자신의 총기를 가져온 것이었다. 부대를 편성하니 나의 접에는 총 가진 군인이 700여 명으로 다른 어느 접보다 우세한 무력을 확보하였다.[38]

1894년에 전국도 아니고 황해도의 특정 지역에 총 가진 산포수 출신 동학군이 700여 명이나 되었다는 게 사실일까. 김구는 단순히 총 가진 사람의 수가 많다고 한 게 아니라 700이라는 수치를 제시하고 있다. 황해도 동학군 전체가 보유한 것이라고 해도 믿기가 어려운데, 하물며 일개 접주가 거느린 연비들의 부대가 보유한 총이 700여 정이라는 건 더 말할 나위가 없다.

하지만 불행히도 이를 검증할 사료는 존재하지 않는다. 다만, 당시 동학군은 대부분 죽창이나 장창, 낫과 몽둥이 등 근접전에나 유효한 무기로 무장하고 있었을 뿐 변변한 화기는 보유하지 못했

---

38  도진순 주해, 『백범일지』, 돌베개, 47쪽.

   김구, 만들어진 신화

다는 것이 일반적으로 알려진 사실이다. 일례로 1894년 11월 동학군과 정부군 및 일본군이 맞붙은 우금치전투에서 동학군이 몰살당하다시피 한 건 일부 구식 조총과 사냥용 화승총을 약간 보유하고 있었으나 대부분 죽창으로 대항했기 때문이다. 그렇다면 관아 등에서 무기를 탈취하기도 전에 동학군 소부대가 700여 정의 총을 보유하고 있었다는 것은 아무리 오래된 기억이라 해도 납득하기 어렵다.


## 동학 농민군의 선봉장?

의문은 계속 이어진다. 『백범일지』에 따르면 김창수는 황해도 동학 농민군의 선봉장으로 해주성을 공격한다.

최고회의에서는 황해도의 수부인 해주성을 먼저 함락하고 탐관오리와 왜놈을 다 잡아 죽이기로 결정하고, 팔봉 접주 김창수를 선봉으로 임명하였다. 나를 선봉으로 임명한 것은 비록 나이가 어리지만 평소에 병법을 연구하였고, 또한 나의 접이 산포수로 잘 무장되어 있다는 것 때문이었다. 그러나 그러한 결정의 이면에는 자신들이 총알받이가 되기 싫다는 이유도 있었다.

나는 최고회의의 결정을 승낙하였다. 즉시로 출동하여 전군을 후방에 따르도록 하고 나는 선두에서 말을 타고 선봉(先鋒)이라는

사령기를 잡고 해주성으로 달려갔다. 해주성 서문 밖 선녀산(仙女
山) 위에 진을 친 후 총사령부는 총공격령을 내리면서 선봉인 나
에게 작전계획을 맡겼다. 나는 다음과 같은 계획을 제시하였다.

지금 성내에는 아직 경군이 도착하지 못하였고 오합지졸로 편
성한 수성군(守城軍) 200여 명과 왜병 7명이 있다. 먼저 선발대가
남문으로 진공하면, 내 지휘하의 선봉대는 최대의 속력으로 서
문을 공격하여 함락할 것이다. 총사령부에서는 정황을 보고 아
군이 허약한 곳을 응원한다.

나의 계획은 받아들여졌다. 그런데 작전을 개시할 무렵 왜병
들이 성 위에 올라가 공포 네댓 방을 쏘았다. 남문으로 향하던
선발대는 이 총소리에 놀라 도주하기 시작했고, 왜병은 남문 밖
으로 나와 도주하는 군중을 향하여 연발로 총을 쏘았다.

나는 전군을 지휘하며 선봉대를 이끌고 서문 아래 도착하여
맹렬하게 공격을 하였다. 그런데 갑자기 총사령부에서 퇴각을
명령하였다. 선봉대가 퇴각을 위해 머리도 돌리기 전에 사령부
병사들은 산과 들로 도망갔다. 내가 퇴각하는 원인을 물으니 도
유 서너 명이 남문 밖에서 총에 맞아 죽었기 때문이라고 한다.[39]

---

39   앞의 책 47~48쪽.

    김구, 만들어진 신화

이 글을 보면 당시 김구는 최고사령부에 의해 선봉장으로 임명되었다. 그런데 최고사령부가 어떤 인물들로 구성되었는지, 최고사령관은 누구인지 등에 대해서는 일절 언급하지 않고 있다.

전쟁을 위해 부대를 꾸리고 사령부가 구성돼 작전을 논의했다면, 더구나 전투를 앞두고 작전회의에서 자신이 선봉장으로 임명되었다면 사령부가 어떻게 구성되었으며, 누가 사령관인지쯤은 당연히 언급할 법한데 무슨 까닭인지 한마디도 없다.

더 이해할 수 없는 것은 7명에 불과한 일본군(왜병)이 총을 쏘아 동학 농민군 서너 명이 사망했다는 이유로 퇴각 명령이 떨어졌다는 것이다. 도대체 김구 부대의 700여 정의 총은 어디로 갔는가. 김구가 선봉장이 된 것은 동학 농민군 내에서 상대적으로 우월한 화력을 보유하고 있었기 때문이다. 사령부는 그런 화력을 보유한 김구의 선봉대가 있는데도 퇴각 명령을 내렸다는 것인가.

김구가 이끈 부대가 단독으로 공격했어도 해주성은 함락되었을 듯하다. 수적으로 상대를 압도할 만한 데다가 설혹 성능이 떨어진다 해도 총을 가진 700여 명의 산포수 부대라면 수성군 200여 명과 일본군 7명이 지키는 해주성을 공략하지 못한다는 게 오히려 이상하다.

김구의 기록은 어디서부터 어디까지가 진실이고, 어디서 어디까지가 창작인지 도통 알 수가 없다. 부분적으로 과장이나 기억의 착오가 있더라도 큰 틀의 맥락이 역사적 사실과 맞아떨어지면 그럴 수 있으려니 하겠으나, 김구의 『백범일지』 기록은 그것을 가늠하기 어렵다. 한 가지 확실한 건 김구의 기록은 학술적 연구와 거리가 있다는 사실이다.

다음은 황해도 지역 동학농민전쟁에 대한 한 연구다.

> 농민군 활동이 자세히 나타나는 것은 10월부터였다. 10월 6일(11. 3.) 농민군 수만 명이 해주 서쪽 취야시(翠野市)에 모였다. 이때의 주도 인물은 임종현이며 동학교단이 직접적으로 연결된 것은 아니었던 것 같다. 이들은 처음에는 등소(等訴: 여러 사람이 연명으로 관청에 하소연함 - 저자)의 형식을 취했다. 감영에서 모인 까닭을 들으니 이들은 몇 개조로 된 민막(民瘼: 국민을 괴롭히고 나라를 망치는 정치 때문에 국민이 고생하는 일 - 저자)을 올렸다. 그 가운데 동도금칙을 하지 말아 달라는 등의 내용이 있었다. 그러나 감영에서는 민막은 지금 혁파하고 있다고 하고, 동학에 대해서는 아직 조정에서 금지하고 있어서 들어주지 못하겠다고 했다. 농민들의 요구가 사실상 거부당한 셈이다.
>
> 일단 여기서 농민군은 물러났다가 다시 모였다고 한다. 아마도 그사이에 앞으로의 대책을 논의했으며 그 결과 봉기를 결정했던 것 같다. 이들은 다시 모여 먼저 감영을 공격했다. … 이들은 해주를 점령한 다음 어떠한 활동을 했는지는 자세히 알 수 없다. 일단은 해주성을 굳게 지키면서 감영을 장악하고 통치했던



김구, 만들어진 신화

것 같다.[40]

김구는 해주성을 공격하다 말고 퇴각령이 떨어져 물러났다고 했는데, 이 연구서를 보면 농민군은 해주성을 점령해 장악한 것으로 나온다. 그렇다면 별개의 농민군이 있었을까? 그렇게 보기는 어렵다. 별개의 농민군이 존재했다면 황해도 지역 동학 농민군의 활동을 기록한 연구서에서 그러한 사실을 언급하지 않을 리 없기 때문이다.

김구의 기록 중 더 의아한 것이 있다.

그러던 어느 날 밤 신천(信川)의 안 진사(安進士)로부터 밀사가 왔다. 안 진사 태훈(泰勳)은 회학동에서 동으로 20리 천봉산(千峯山)이란 큰 산 너머에 있는 신천군 청계동에 살고 있었다. 그는 문장과 글씨는 물론 지략까지 겸비하여, 명성이 해서 지방은 물론 전국에 널리 알려져 조정 대신들도 크게 대접하는 이였다.

그런데 그는 동학이 궐기하는 것을 보고 이를 토벌하기 위하여 동생과 아들로 병사를 담당케 하고 300여 명의 산포수를 모집하여 청계동 자택에 의려소(義旅所)를 세우고, 경성 모(某) 대신의 원조와 황해 감사의 지도 아래 벌써 동학 토벌에 나서 신천 지역의 동학 토벌에 좋은 성적을 거두고 있었다. 때문에 동학 각

---

40    송찬섭, 「황해도 지방의 농민전쟁의 전개와 성격」, 동학농민혁명기념사업회, 『동학 농민혁명의 지역적 전개와 사회변동』, 새길아카데미, 233쪽.

접은 안태훈을 두려워하고 있었고, 우리 접도 청계동을 경비하고 있었던 터였다.

그러한 안태훈이 우리에게 밀사를 보내온 것이다. 정 씨 등이 밀사를 만나본 결과 안 진사는 비밀리에 나를 조사하고 난 뒤, "군이 나이 어리지만 대담한 인품을 지닌 것을 사랑하여 토벌하지 않을 터이지만, 군이 만일 청계를 침범하려다가 패멸당하게 되면 인재가 아깝다"는 후의에서 밀사를 보냈다고 한다. 나는 즉시 참모회의를 열고 논의한 결과 '나를 치지 않으면 나도 치지 않는다', '어느 한쪽이 불행에 빠지면 서로 돕는다'는 밀약이 성립되었다.[41]

『백범일지』에 따르면, 김구는 해주성에서 퇴각한 뒤 해주 서쪽 80리 후방인 회학동回鶴洞 곽감역郭監役[42] 가家에 집결하였다가 정덕현과 우종현이라는 책사를 맞이하여 그들의 권유로 구월산으로 옮길 준비를 하고 있었다. 그러던 중 안태훈의 밀사가 찾아왔다는 것이다.

그런데 토벌대를 이끌던 안태훈이 동학군, 그것도 (김구의 기록에 따르면) 접주이자 해주성 공격의 선봉장이었던 김창수와 '어느 한쪽이 불행에 빠지게 되면 서로 도와준다'는 밀약을 한다는 게 있

---

41　도진순 주해, 『백범일지』, 돌베개, 50~51쪽.

42　감역監役은 감역관監役官의 준말. 선공감繕工監에 둔 종9품의 벼슬로 건축에 관한 사무를 관장한다. 위의 책 48쪽.



김구, 만들어진 신화

을 법한 일일까. 농민군은 조정에서 볼 때 반란군이고, 반란군의 수괴라 할 수 있는 사람을 토벌 대장이 조정의 허락 없이 임의로 토벌하지 않는 것은 물론 서로 도와준다는 밀약을 할 수 있었을 까? 그러한 사실이 발각되면 안태훈 역시 역적으로 몰릴 텐데, 아무리 인재를 아깝게 여긴다 한들 그런 무리를 했을지는 지극 히 의문이다. 혹 인재를 아끼는 마음이었다면 서로 돕는다고 밀 약할 게 아니라 귀순을 권하는 게 순리이고 상식이 아닌가.

의문은 그뿐만이 아니다. 여기에 등장하는 안태훈 진사는 안중 근 의사의 아버지다. 안태훈은 의병을 모아 동학군 토벌에 나섰는 데, 안중근이 남긴 자서전 『안응칠 역사安應七 歷史』[43]에 그 내용이 나온다. 그런데 김구가 안태훈의 의병 포수 수를 300여 명이라고 한 데 반해 안중근은 포수와 처자들까지 대열에 포함시켜 정병이 70여 명이라고 했다. 물론 김구가 안태훈의 의병 수를 300여 명이 라고 한 것은 첩보를 통해 그렇게 파악한 것이라고 볼 수 있다는 점에서 차이가 날 수는 있다. 그렇다고 해도 포수 300여 명과 포 수와 처자까지 합쳐 70여 명은 그 차이가 너무 크다.

동학 농민군에 대한 의병 대장 안태훈과 아들 안중근의 인식 이 상당히 적대적이었다는 점도 안태훈이 김구를 위해 밀사를 보내 구해주었다는 기록에 의문을 갖게 한다. 다음 대목에서 그 것을 엿볼 수 있다.

---

43　안중근이 옥중에서 집필한 자서전. 안중근의 원래 이름은 안응칠이다.

그 무렵 한국 각 지방에서는 이른바 동학당(東學黨 : 한일합방 전 일진회—進會의 근본 조상임)이 곳곳에서 벌 떼처럼 일어나 외국인을 배척한다는 핑계로 군현(郡縣)을 횡행하면서, 관리들을 죽이고 백성의 재산을 약탈했다. (이때 한국이 장차 위태롭게 된 기초가 만들어졌다. 일본·청국·러시아가 전쟁하게 된 원인을 낳은 병균이 되었다.)

　관군(官軍)이 그들을 진압할 수 없었기 때문에 청국 병정들이 건너오고, 또 일본 병정들도 건너와 일본과 청국 두 나라가 서로 충돌하여 마침내 큰 전쟁이 되고 말았다. 그때 나의 아버지는 동학당의 폭행을 견디기 어려워 동지들을 단결하고 격문을 뿌려 의거를 일으켰다.[44]


이를 보면 안중근이 동학 농민군을 백성의 재산을 약탈하는 무리로 인식하고 있었음을 알 수 있다. 이는 당연히 부친 안태훈의 인식과 궤를 같이하는 것으로 보아야 할 것이다. 동학 농민군에 대해 관리들을 죽이고 백성의 재산을 약탈하는 '도적의 무리'로 인식했고, 그 분노로 토벌군을 일으켰다면 도적 괴수와의 밀약은 생각하기 어렵다. 나라에 대한 반란이라는 점 말고도 정의감이나 도리 측면에서 그렇게 행동했을 리 없다는 말이다.

더욱이 김구가 『백범일지』에서 밝혔듯 안태훈은 문장과 글

---

44　『안중근 의사 자서전』, 범우사, 14쪽.

　김구, 만들어진 신화

씨는 물론 지략까지 겸비해 명성이 해서 지방은 물론 전국에 널리 알려져 조정 대신들도 크게 대접하는 인물이었다는 점에서 '백성의 재산을 약탈하는 무리' 두목과의 밀약이란 생각하기 어렵다.

안태훈이 김구와 밀약했다는 것이 거짓임을 말해주는 더 확실한 증거가 있다. 안태훈 본인이 한 유력 인사에게 보낸 다음 편지다.

제가 취포(聚包: 산포수를 모음)한다는 이야기는 참으로 가소로운 일입니다. 이놈이 취포를 하자면 단발할 때에 창의(倡義)하는 것이 마땅한 일이었거늘 그때는 몸을 사리며 움직이지 않고 보기만 하다가 단발이 정지된 뒤에야 취포한단 말입니까. … 해주의 동학 김창수라는 자는 해주 묵방지(墨坊地)에 몰래 산포수를 모아서 우리 동을 습격하려고 소굴을 만들었는데, 우리는 그것을 모르고 있다가 다행히 수십 명이 다가오는 것을 만나게 되자 김창수는 도망가고 산포수들 역시 떠나버렸다 하므로 저도 또한 사방으로 김창수의 발자취를 쫓았으나 아직 그 그림자도 못 찾았습니다. 혹시 이들의 일이 잘못 전해져서 도리어 모략이 꾸며진 것인지 모르겠습니다. 일동(一洞)만 빼고 보면 서로 틈이 생기기를 바라는 적들이 많이 있으며, 또한 영읍(營邑)에서도 끝내는 모두 털어놓을 것이라고 의심받고 있습니다. … 이놈은 과연 보호받지 못할 지경에 이르렀은즉 모함자의 혀를 자르고 쌓이고 쌓인

분을 말끔히 씻어버리고자 하오니 몇 놈의 이름을 몰래 알려주
시기 바랍니다.[45]

이 편지 내용을 보면 김구가 말한 안태훈과의 밀약은 창작이
라는 점을 알 수 있다. 김구는 왜 이런 허구를 만들어냈을까. 안
중근은 한국 독립운동사에서 첫손으로 꼽히는 영웅이다. 김구는
안중근 가문과의 인연을 강조하고 싶었던 게 아닐까. 특히 황해
도 지방의 유력 가문이자 안중근 의사의 부친이 아낀 인재였음
을 보임으로써 자신의 서사를 더욱 극적으로 만들 수 있다고 생
각한 게 아닐까.


## 일본인 약장수 살해 사건


『백범일지』를 읽으며 특히 이해하기 어려운 건 김구가 황해도
치하포에서 일본인 상인을 살해한 사실(치하포 사건)을 당당히 써놓
고, 그것도 '국모보수國母報讎', 곧 '국모가 살해당한 것을 복수한다'
는 명분을 내세웠다는 점이다. 그가 동학 농민군의 지휘관으로 동
학농민전쟁에 참여한 것이 사실이라고 할 때 국모, 즉 민비 시해

---

45  연세대학교 국학연구소 소장 안태훈 간찰; 장석흥, 「19세기말 안태훈 서한의 자료
    적 성격」, 『한국학논총』 26호, 국민대학교 한국학연구소, 2003, 139~167쪽 참조.
    손세일, 『이승만과 김구』, 나남, 265쪽 재인용.

   김구, 만들어진 신화

사건에 대한 복수로 일본인을 살해했다는 것은 서로 모순된다.

동학군이 봉기한 까닭을 모르는 사람은 없을 것이다. 흥선대원군이 실각하고 고종이 직접 통치하면서 왕비 민 씨 외척이 매관매직을 일삼았고, 나중엔 민비는 물론 심지어 고종까지 매관매직으로 궁중 내 필요 자금인 내탕금을 마련했다는 것은 많이 알려져 있다. 오죽하면 당시 벼슬값 시세까지 공공연하게 나돌았을까. 『승정원일기』나 외국 공사관 보고, 한국 근현대사 연구에서 전하는 시세(당시 은전 기준)는 정2품 판서 수천 냥, 종2품 관찰사 1,500~3,000냥, 정3품 군수 500~1,000냥, 종6품 현감 200~500냥 등이다. 당시 농민 한 사람의 1년 수입이 20~50냥 수준이었음에 비추어 보면 어마어마한 거액이다.

벼슬을 산 자들은 당연히 투자금(?)을 회수하려 했고, 백성의 고혈을 빨아 해결하는 것이 가장 쉬운 길이었으니 힘없는 민초民草들의 고초는 이루 말할 수 없었다. 그 대표적인 인물이 바로 고부 군수 조병갑이고, 동학 접주 전봉준이 1894년 고부에서 봉기한 것도 그 때문이다.

김구의 주장에 따르면, 그는 접주 첩지를 받는 자리에서 전봉준의 봉기 관련 보고가 최시형에게 올라가는 것을 직접 목격했다. 그리고 동학 농민군을 조직해 지휘했다. 그런 인물이라면 민비와 민 씨 척족의 매관매직, 그로 인한 폐해와 백성의 원성을 모를 리 있었을까. 그럴 수는 없다고 봐야 한다. 그런 점에서 민비와 그 척족의 매관매직으로 생겨난 탐관오리들의 학정에 봉기한 동학 농민군 부대를 지휘한 사람이 백성의 원성을 샀던 민비 시해를 복수하는 마음에서 일본인을 죽였다는 건 앞뒤가 맞지 않는다. 물론 민비에 대한 원성이 아무리 높았더라도 일본인 낭인들이 우리나라 왕비를 시해한 사건에 분노하는 건 또 다른 문제이긴 하다. 그렇기는 해도 백성의 지탄을 받던 왕비의 복수를 위해 일본인을 살해했다는 건 상식에 어긋난다.

치하포 사건이란 김구가 1896년 3월 8일 평남 용강군龍岡郡에서 배를 타고 인접한 황해도 안악군安岳郡 치하포鴟河浦로 가서 밤늦게 이화보李化甫가 운영하는 여점旅店(숙식할 수 있는 여관)에 머물게 되었는데, 마침 같은 여점에 있던 일본인 쓰치다 조스케(土田讓亮)를 이튿날 아침 살해한 사건을 말한다. 그런데 김구가 그 일본인을 살해한 까닭이 어이없다. 김구가 『백범일지』에서 밝힌 이유는 이렇다.

조금 있다가 아랫방에서부터 아침 식사가 시작되어 가운뎃방과 윗방까지 밥상이 들어왔다. 그때 가운뎃방에는 단발을 하고 한복을 입은 사람 한 명이 같이 앉은 나그네와 인사를 나누고 있었다. 성은 정씨(鄭氏)라 하고 장연에 산다고 하였는데 말투는 장연말이 아니고 경성(京城) 말이었다. 촌 늙은이들은 그를 진짜 조선인으로 알고 이야기를 나누었으나 내가 보기에는 분명히 왜놈이었다. 자세히 살펴보니 흰 두루마기 밑으로 칼집이 보였다. 가는 길을 물어보니 진남포로 간다고 했다.

　　　　　　　　　　　　　　　　　　　　　김구, 만들어진 신화

나는 그놈의 행색에 대해 곰곰이 생각해 보았다. 이곳은 진남포 맞은편 기슭이므로 매일매일 여러 명의 왜인이 자기들의 본래 행색대로 통행하는 곳이다. 그러니 저놈이 보통 장사치나 기술자들 같으면 굳이 우리 조선 사람으로 위장하지 않아도 되었을 것이다. 그렇다면 혹시 저자가 우리 국모를 시해한 미우라(三浦梧樓)가 아닐까? 경성에서 일어난 분란 때문에 도망하여 당분간 숨으려는 것은 아닌가? 만일 미우라가 아니더라도 미우라의 공범일 것 같다. 여하튼 칼을 차고 숨어다니는 왜인이 우리 국가와 민족의 독버섯인 것은 명백한 사실이다. 내가 저놈 한 명을 죽여서라도 국가의 치욕을 씻어 보리라.[46]

이게 김구의 진심일까? 김구가 살해 당시의 생각이나 판단을 사실 그대로 기록한 것이라면 그게 더 문제다. 정상적인 사고방식이라고 볼 수 없기 때문이다. 김구가 아무리 지적 능력이 떨어진다 해도 이런 무논리는 이해하기 어렵다.

김구가 눈치챈 대로 그가 살해한 사람은 분명 일본인이다. 하지만 일본인이라는 이유로, 비록 그가 칼을 지니고 있었다 해도 죽어 마땅하다고 할 수는 없다. 당시 을미사변(1895년 일본 공사 미우라가 일본인 무사들을 동원해 황후 민 씨를 시해한 사건)으로 민심이 흉흉해지고 일본에 대한 반감이 높았다는 점을 전제하더라도 시대를 떠

---

46    도진순 주해, 『백범일지』, 돌베개, 93쪽.

나 김구의 생각과 판단은 상식에 부합하지 않는다.

어이없는 건 김구가 살해 명분으로 쓰치다가 국모(민비)를 시해한 주범이거나 공범일 것 같다고 생각한 것이나, 그게 아니더라도 우리 국가와 민족의 독버섯이라고 단정했다는 사실이다. 논리의 비약도 이 정도면 논리라고 할 수 없다. 당시 김구가 일반 백성과는 달리 국가와 민족을 생각할 정도의 의식수준에 이르렀다면 이런 식의 사고는 더더욱 이해하기 어렵다.

물론 김구도 살해를 하기 전 고민한다. 하지만 그가 고민한 건 도덕적으로 옳고 그름에 대한 것이 아니라 살해를 결행하다 자칫 되레 당할 것에 대한 우려와 고민이었다. 그러다가 "홀연히 한 가닥 광선이 가슴속에 비치는 듯했다"고 했다. 자신의 스승 고능선의 가르침이 떠올랐다는 것이다. 그가 떠올린 스승의 교훈은 이렇다.

> 가지 잡고 나무에 오르는 것은 기이한 일이 아니나
> 得樹攀枝足奇
> 벼랑에 매달려 잡은 손을 놓는 것이 가히 장부로다.
> 懸崖撒手丈夫兒

여기서 청년기가 아닌 중장년기 김구의 의식 세계를 엿볼 수 있다. 김구가 『백범일지』를 쓰기 시작한 건 50대 초반이었던 1929년이다. 이 나이면 지식수준과 상관없이 인간과 세계를 꿰

   

뚫어 볼 수 있는 통찰력과 지적 능력을 지닐 법도 하다. 하지만 이 대목을 보면 김구의 지적 능력이 얼마나 부족하고 철학이 얼마나 빈곤한지 알 수 있다. 하기야 『백범일지』 어디에서나 김구의 지적 능력 부재와 철학의 빈곤을 확인할 수 있다.

벼랑에서 나뭇가지 잡은 손을 놓는다는 건 일생일대의 결단을 내린다는 것인데, 살해를 결행할지 고민하면서 스승의 이 교훈을 떠올렸다니 참으로 유치하기 짝이 없다. 독립운동가, 그중에서도 대한민국 임시정부 주석의 의식수준이 이 정도로 낮았다는 건 참으로 서글픈 일이다.

다음 대목은 더 어처구니없다.

나는 자문자답해 보았다.

**문** 네가 보기에 저 왜인을 죽여 설욕하는 것이 옳다고 확신하는가?

**답** 그렇다.

**문** 네가 어릴 때부터 '마음 좋은 사람'이 소원이 아니었느냐?

**답** 그렇다. 그러나 원수 왜놈을 죽이려다가 성공하지 못하고 도리어 죽임을 당하면 한낱 도적의 시체로 남겨질까 미리 걱정하고 있는 것이다. 그렇다면 이때까지 '마음 좋은 사람'이 되고자 했던 것은 다 거짓이고, 사실은 '몸에 이롭고 이름 내는 것을 좋아하는 사람'이 되려는 소원만 가졌던 것이 아닌가.

자문자답 끝에 비로소 죽을 작정을 하고 나니 가슴속에서 일렁이던 파도는 어느덧 잔잔해지고 백 가지 계책이 줄지어 떠오

르기 시작했다.[47]

쓰치다가 민비 시해와 어떤 관계가 있는지도 모르는 상황에서 그를 살해하는 걸 '설욕'이라고 생각한 것부터가 어처구니없지만, '국모' 시해의 원한을 되갚아준다고 생각했다면 옳은 일이라고 판단하는 게 당연한데 그걸 확신하느냐고 자문했다는 건 무슨 까닭일까. 아마 쓰치다 살해 사실을 기록하면서 대의명분 있는 살해였음을 보여줄 수 있다고 생각한 게 아닐까. 하지만 이 대목은 앞의 대목과 더해 '견강부회牽強附會'라는 말을 떠올리게 할 뿐이다.

그런데 이 대목에서 김구는 자신도 모르게 속내를 드러낸다. 김구는 어릴 때부터 '마음 좋은 사람'이 소원이었음을 밝힌 뒤, '그러나 사실은 이름 내는 것을 좋아하는 게 아니었느냐'고 자신을 질책하고는 쓰치다 살해를 결심했다고 했다. 이걸 어떻게 읽어야 할까.

김구의 말에 따르면 쓰치다 살해는 공명심에 의한 것이 아니라 오로지 의義를 행하기 위한 것이었다고 할 수 있다. 사건 당시는 격정의 청년기였으니 의義에 대한 판단에 오류가 있을 수 있었다고 치자. 그러나 이 글을 쓴 50대 초반의 나이에도 같은 판단을 한 탓에 일말의 후회나 자성도 없이 태연하게 그렇게 썼다면, 도대체 그는 어떤 삶을 살았길래 그럴 수 있었을까.

---

47  앞의 책 94쪽.

   김구, 만들어진 신화

다음은 살해 장면이다.

그 왜놈은 별로 주의하는 빛도 없이 식사를 마치고 중문 밖에 서서 문기둥을 의지하고 방안을 들여다보며 총각 아이가 밥값을 계산하는 것을 지켜보고 있었다.

나는 서서히 몸을 일으켜 크게 호령하며 그 왜놈을 발길로 차서 거의 한 길이나 되는 계단 밑으로 떨어뜨렸다. 그러고는 바로 쫓아 내려가서 놈의 목을 힘껏 밟았다.

세 칸 객방의 앞쪽 출입문이 아랫방 한 짝, 가운뎃방 분합문(分合門) 두 짝, 윗방에 한 짝, 합해서 모두 네 짝인데, 이 방문 네 짝이 일제히 열리면서 문마다 사람 머리가 다투어 나왔다.

나는 몰려나오는 사람들을 향하여 간단하게 한마디로 선언하였다.

"누구든지 이 왜놈을 위해 내게 달려드는 자를 모두 죽이고 말리라."

선언이 채 끝나기도 전에 방금 내 발에 차이고 밟혔던 왜놈이 새벽 달빛에 칼빛을 번쩍이며 달려들었다. 얼굴로 떨어지는 칼을 피하면서 발길로 왜놈의 옆구리를 차서 거꾸러뜨리고 칼 잡은 손목을 힘껏 밟으니 칼이 저절로 땅바닥에 떨어졌다.

나는 그 왜놈을 머리부터 발끝까지 점점이 난도질했다. 아직 2월 날씨라 마당은 빙판이었는데, 피가 샘솟듯 넘쳐서 마당으로 흘러내렸다. 나는 손으로 왜놈의 피를 움켜 마시고, 그 피를 얼굴에 바르고, 피가 떨어지는 칼을 들고 방안으로 들어가 호통을 쳤다. (중략) 눈치 빠른 이화보는 일변 세면도구를 들여오고, 그런 다음 밥 일곱 그릇을 한 상에, 다른 상에는 반찬을 차려 들여놓고 먹기를 청하였다. 나는 얼굴을 씻고 밥을 먹게 되었다. 밥 한 그릇을 먹고 10분 정도밖에 안 되었으나 과격한 행동을 한 뒤라서 한두 그릇쯤은 더 먹을 수 있었다. 그러나 일곱 그릇까지 다 먹는다는 것은 무리였다. 그래도 애시당초 일곱 그릇을 요구한 것이 거짓말로 알려져서는 재미없는 일이라 여겨 큰 양푼 한 개를 청하여 밥과 반찬을 한 군데에다 붓고 숟가락 한 개를 더 청하였다. 숟가락 두 개를 포개 들고서…….

"오늘은 먹고 싶던 원수의 피를 많이 먹었더니 밥이 들어가지를 않는다."[48]


이 대목을 보면 보통 사람으로서는 상상조차 하지 못할 만큼, 그리고 차마 그리할 수 없을 만큼 잔인하다. 그가 살인 본능을 타고난 게 아닌가 싶을 정도다. 그리고 사람을 살해하면서 조금의 주저함도 느끼지 않았고, 살해 후에도 후회나 사람을 죽인 데 대한 자괴감을 느끼지 않았다는 걸 어떻게 이해해야 할지 난감하다. 뒷날 사건을 기록하면서라도 '그때 그 일은 젊은 날의 격정에 매몰되어 저지른 잘못'이라는 자성 한마디쯤은 보탤 법도 한

---

48　앞의 책 96~97쪽.

　김구, 만들어진 신화

데 그게 없다는 점에서 지적 능력의 결핍에 더해 인격장애까지
의심될 정도다. 김구의 삶 어디에서도 지성이 엿보이는 대목이나
장면을 찾을 수 없다는 점을 감안하더라도 서슴지 않고 사람을
살해하는 데다 후회나 자성이 없다는 사실은 살인 본능으로밖에
이해되지 않는다. 이렇게 말하는 데는 이유가 있다.

> "칼로 흥한 자는 칼로 망한다. 주중 한국임시정부의 주석을 지낸
> 김구는 6월 26일 오후 12시 20분 한국군 장교가 미제 권총으로
> 쏜 4발의 총격을 받고 사망했는데, 애국자로서 그의 명성은 무
> 명의 일본인을 제거하는 데 성공함으로써 부분적으로 획득된 것
> 이었다."

이것은 해방정국에 김구가 암살되고 2주 뒤에 주한 미국 대사
관이 미 국무부에 발송한 3급 비밀문서에 기록된 내용이다.
약 한 달 뒤, 주한 미국 대사 무초(John J. Muccio)는 김구 암살을
포함한 김구 관련 총정리 보고서를 국무부에 보냈다. 거기에는
이렇게 씌어 있다.

> "김구는 암살자의 생을 살았으며, 암살자의 앞잡이들과 친구들
> 로 스스로를 에워쌌으며, 모든 죽음 가운데 그가 가장 잘 이해하
> 던 바 그런 죽음을 맞이했다. 야망을 가진 사람으로 한국인 가운
> 데 명성과 권위에서 이승만에 버금가는 인물이었으며, 지난날

그의 야망이 좌절된 데에 매우 격분했을 것이다. 그의 성격상 권력을 되찾기 위해 가용한 모든 수단을 활용하지 않았다고 한다면 이는 사실이 아닐 것이다. 역사적으로나 기질적으로라도 그가 좌익이 아니라 극우라는 점은 의문의 여지가 없지만, 현재 남한에서 야망이 좌절된 사실은 그로 하여금 불장난을 할 유혹을 갖게 만들었다. 아마도 사실 김구는 좌익과 연락망을 형성했을 것이다."[49]

"칼로 흥한 자는 칼로 망한다"니, 이건 저주에 가깝다. "모든 죽음 가운데 그가 가장 잘 이해하던 바 그런 죽음을 맞이했다"고 한 것도 마찬가지다. 주한 미국 대사가 김구의 죽음에 대해 이토록 부정적으로 서술했다는 것은 놀라운 일이다. 해방정국은 물론 충칭 임시정부와 김구에 대해서도 상세한 정보를 가지고 있었을 주한 미국 대사관이나 무초 대사가 김구를 이렇듯 암살자로 평가하며 저주했다는 것은 예사로 볼 일이 아니다.

주한 미국 대사관이 김구에 대해 "애국자로서 그의 명성은 무명의 일본인을 제거하는 데 성공함으로써 부분적으로 획득된 것이었다"고 평가한 건 '치하포 사건'을 염두에 둔 게 아닌가 한다. "암살자의 생을 살았으며, 암살자의 앞잡이들과 친구들로 스스로를 에워쌌다"고 한 건 독립운동 시기는 물론 해방공간에서 벌

---

49  정병준, 「미국 자료를 통해 본 백범 김구 암살의 배경과 미국의 평가」, 한국역사연구회, 『역사와 현실』, 315~316쪽.

  김구, 만들어진 신화

어진 암살 사건들을 가리키는 것으로 보인다.

그런데 김구가 쓰치다 살해를 일말의 후회나 뉘우침 없이 자랑하듯 기록한 데는 그만한 이유가 있어 보인다. 김구는 쓰치다의 소지품을 조사해보고는 그가 일본 육군 중위였다고 썼다. 민간인이 아니라 적군 장교를 살해했다는 이야기다. 하지만 쓰치다가 설사 일본 육군 중위였다고 해도 그 사실을 살해 전이 아니라 살해 후에 파악했다는 점에서 그게 자랑일 수는 없다. 김구가 체포돼 인천 감옥에 수감된 사실을 설명하려면 그 원인인 쓰치다 살해 사건을 기술해야만 했겠지만, 이 경우 앞에서 지적했듯 '젊은 날의 격정에서 비롯된 실수'라는 정도의 회한을 덧붙이는 게 상식이자 보통 사람의 심성이다. 그런데 김구는 전혀 달랐다. 왜 그랬을까? 투철한 애국심 때문에? 김구 스스로 그렇게 생각해서 보통 사람들과 달리 자랑처럼 썼다면 지적 능력의 결핍과 살인 본능 외에 달리 어떤 설명이 가능할지 모르겠다.

더욱이 쓰치다는 일본 육군 장교가 아니라 일개 약장수였다. 도진순에 따르면 쓰치다는 일본 나가사키현 대마도 이즈하라항 상인으로 1895년 10월 진남포에 도착한 뒤 11월 4일 황해도 황주로 가서 활동하였고, 1896년 3월 7일 진남포로 귀환하던 길이었다.[50] 도진순은 쓰치다가 황주에서 '활동하였다'고 설명했는데,

---

50  도진순 주해, 『백범일지』, 돌베개, 98쪽.

상인의 활동이란 상행위를 했다는 뜻이다.

여기서 드는 의문은 과연 쓰치다가 일본 육군 장교 신분증이
나 신분을 확인할 수 있는 물건을 소지하고 있었는가이다. 김구
의 기록에 따르면 그렇다고 봐야 하는데, 상인이 굳이 군인 신분
을 나타내는 물건을 지니고 다닐 이유가 있었는지는 극히 의문
이다. 조선에서 약을 파는 사람이 일본 육군 장교 신분증 따위를
몸에 지닌다면 해가 될지언정 득이 될 게 없었으리라는 점에서
그렇다.

그러면 김구가 쓰치다의 소지품을 검사해 그가 일본 육군 중
위임을 알게 되었다고 한 까닭은 무엇일까? 실제로 쓰치다가 일
본 육군 중위 신분을 확인할 수 있는 것을 지니고 있었다면 논외
이지만 그럴 가능성은 극히 낮고, 쓰치다 살해 사건에 대한 김구
신문조서 등 어디에도 그런 기록이 없다. 결국 쓰치다가 일본군
장교라고 함으로써 살해의 정당성을 말하려 했던 것 같다. 물론
쓰치다가 일본 군인이었어도 교전 중 적군을 사살한 게 아니라
는 점에서 김구의 살인 행위는 정당화될 수 없지만, 그렇더라도
김구 자신은 그것이 대의명분이 될 수 있다고 생각한 게 분명하
다. 그리하여 당대는 물론 후세에 쓰치다 살해가 애국 행위였으
며, 그로 인해 옥고를 치렀다고 말하기 위해 일본 육군 중위라는
창작을 해낸 것이다.

김구의 의도가 그랬다면 비록 유치하기는 했어도 성공한 셈이
다. 많은 사가나 저술가가 그렇게 기술함으로써 오늘날 어린이

도서를 포함해 많은 책이 그것을 역사적 사실처럼 써놓고 있으니 말이다. 대중에 영합해 김구 신화화 경쟁 대열에 뛰어든 사가들이 김구의 치하포 살인 사건을 항일 의열 투쟁의 원형인 것처럼 주장해온 사실은 역사 연구를 포함한 우리 사회 전반의 지적 수준을 보여준다.

## 고종의 특사特赦라는 소설

일본인 상인 쓰치다 살해 사건 후 석 달이 지나도록 김구는 체포되지 않았다. 일본과의 외교문제로 비화할 수밖에 없는 사건이 석 달 넘게 방치된 것은 그만큼 당시 조선의 치안 행정이 엉망이었다는 뜻이다.

사건이 관청에 알려진 건 쓰치다의 동행자가 요행히 피신해서 신고했기 때문이다. 그는 평안도 용강 출신의 스무 살 청년 임학길로 쓰치다의 통역을 맡고 있었다. 임학길은 3월 12일 저녁 평양에 도착해 일본인 살해 사건을 신고했는데, 마침 그곳에 출장 나와 있던 경성 일본 영사관 하라(平原) 경부에게 알려졌다. 하라 경부는 일본인 순사 2명과 조선인 순검 5명을 대동하고 3월 15일 현장 조사에 나섰다. 사건이 발생한 지 6일 뒤였다.[51]

---

51　김상구, 『(친일파가 만든 독립영웅) 김구 청문회 1』, 매직하우스, 70쪽.

김구는 3월 21일에 체포돼 해주부로 압송되었다. 『백범일지』에 따르면 김구가 옥에 갇힌 뒤 한 달여 만에 신문이 시작되었다. 그런데 김구는 범행을 부인했다. 김구는 이른바 '주리를 트는' 고문을 당했으나 기절하면서도 입을 다물었다. 김구가 감리에게 "본인의 체포장을 보면 내무부 훈령 등인等因이라 되어 있으니, 본 관찰부에서 처리할 수 없는 사건이 아니오? 내무부에 보고만 하여주시오"라고 요청하자 감리는 더는 신문을 진행하지 않고 하옥시켰다. 그로부터 거의 두 달이 지난 7월 초, 김구는 인천으로 이감되었다. 당시 외국인 관련 재판은 인천항재판소 소관이었다.

김구는 인천항재판소 신문에서는 해주부에서와는 달리 치아포 일본인 살해 사건을 인정했다. 아니, 오히려 감리사 이재정李在正에게 큰소리를 쳤다. 김구는 『백범일지』에서 이렇게 말했다고 기록해놓았다.

> "본인은 일개 시골의 천민이지만 신하된 백성(臣民)의 의리로 국가가 수치를 당하고, 푸른 하늘 밝은 해(白日靑天) 아래 내 그림자가 부끄러워서 왜구 한 명을 죽였소. 그러나 나는 아직 우리 동포가 왜인들의 왕을 죽여 복수하였단 말을 듣지 못하였소. 지금 당신들은 몽백(蒙白: 국상을 당하여 소복함 - 저자)을 하고 있는데, 춘추대의(春秋大義: 춘추시대에 대한 공자의 가치판단에 입각한 의식 - 저자)에 나랏님의 원수를 갚지 못하면 몽백을 아니한다는 구절도 읽지 못

였소? 어찌 한갓 부귀영화와 국록을 도적질하는 더러운 마음으로 임금을 섬기오?"

이쯤 되면 누가 누구를 신문하는지 알 수 없을 정도다. 이재정을 위시해 그 자리에 참석한 수십 명의 관리들이 자신의 말을 듣는 광경을 보니, 제각기 얼굴이 달아올라 홍당무빛을 띠었다고 김구는 썼다. 이재정은 김구에게 "창수의 지금 하는 말을 들으니, 그 충의와 용기를 흠모하는 반면 내 당황스럽고 부끄러운 마음도 비할 데 없소이다. 그러나 상부의 명령대로 신문하여 위에 보고하려는 것인즉, 사실이나 상세히 말씀하여주시오"라고 마치 하소연하듯 말했다고 김구는 당당히 밝히고 있다.

실제로 김구가 이렇듯 이재정을 꾸짖었는지는 알 수 없다. 다만 일본 영사대리 하기와라 슈이치[萩原守一]가 9월 12일 『대명률大明律』의 '인명모살인人命謀殺人'에 관한 조항을 적용하여 김구를 참형斬刑으로 처단할 것을 주장하였고, 인천 감리사 이재정 또한 10월 2일 법부에 사건의 조속한 처리를 전보로 요청하였다[52]는 점으로 미루어 김구의 말을 곧이곧대로 믿기는 어렵다.

그런데 여기서 하나의 의문이 생긴다. 김구는 치아포 사건에 대해 쓰면서 '국모보수(국모의 원수를 갚는다)'라고 했다. 일본인 살해가 충정의 발로였다는 말이다. 그래서 이처럼 당당하게 감리사에

---

52  『한국민족문화대백과사전』, '치하포 사건'.

게 호통을 쳤는데, 왜 해주부에서는 모진 고문을 당하면서도 입을 굳게 닫았던 것일까? 일본인 살해가 충정과 의기의 발로였다면 해주부 신문에서도 당연히 "내가 국모의 원수를 갚기 위해 왜놈을 처단했노라"라고 호통치며 자신의 행위를 변호했을 법도 한데 김구는 그러지 않았다. 왜 그랬을까?

여기엔 비밀이 숨어 있다. 『백범일지』에서는 밝히지 않았으나 김구가 해주부에서 사건에 대해 입을 닫을 수밖에 없었던 이유가 있었다. 그는 또 다른 사건으로 수배 중이었다. '산포거사山砲擧事'라고 알려진 사건이다.

이는 백낙희白樂喜 등 동학 농민군 잔당이 황해도 장연에서 역성혁명, 곧 모반을 꾀하다가 발각된 사건이다. 주범인 백낙희, 김양근 등은 마을 사람들에게 잡혀 해주부에 넘겨졌고, 나머지는 도주했다. 김창수, 곧 김구도 이 사건에 가담했다.

이 사건은 사실 몇몇 한량들의 망상이 빚은 코미디극에 불과했다. 그런데 조정은 이 사건을 대단히 중요하게 다루었다. 역모 사건이었기 때문이다. 백낙희 외 4인의 초사招辭가 기록된 자료를 '중범공초重犯供草'라고 명명한 것도 그래서다. '중범공초'를 정리하면 다음과 같다.

백낙희 등은 해주 검단방檢丹坊에 있는 김창수의 집을 방문하고 묵방墨坊 청룡사에 머물던 김형진金亨鎭과 거사를 모의했다. 김형진은 1895년 6월과 9월 두 차례에 걸쳐 청국을 방문해 심양의 마대인馬大人이라는 자와 심양 자사 연왕燕王 이대인李大人으로부터 진동인신鎭東倡義과 직첩을 받았다고 주장했다.

이들의 모의는 김형진이 평안·전라·황해 3도 도통관이 되고, 백낙희가 장연 선봉장이 돼 거병하여 검단방 유학선柳學先과 안악 대덕방 최창조崔昌祚 외 여러 곳의 인사들과 협력해 해주부를 소탕한 뒤 신천, 재령, 안악, 문화 등 각 읍을 소탕하면 곧 청병이 도착할 터이니 그들과 합류해 경성으로 직행해서 도성을 도살한 뒤 정씨를 왕으로 추대한다는 것이었다. 그야말로 황당무계한 모의였다. 이미 지리멸렬된 동학 농민군을 다시 모아 거병한다는 발상도 그렇지만, 무엇보다도 청병淸兵이 합류할 것이라고 생각했다는 건 참으로 어처구니없다. 백낙희 등이 그렇게 믿은 건 김형진의 허풍에 현혹되었기 때문이다.

그런데 『사법품보司法稟報』[53]에 실린 해주부 장연군수 염중모廉仲模가 법부대신에게 보낸 건양 원년(1896년) 7월 22일 자 보고서를 보면 김창수가 이 사건에 가담했음을 알 수 있다. 다음은 보고서 내용이다.

> "당일 술시(戌時)쯤에 도착한 훈령(訓令) 제16호를 받아보니 본군(本郡)에서 가두고 있는 죄인 백낙희 등 여섯 놈을 교형(絞刑)에 처하고 달아난 김형진(金亨鎭)·김창수(金昌守)·김재희(金在喜)·류

---

53   『사법품보』는 1894년(고종 31년)부터 1907년까지 전국 관아官衙 및 지방 재판소에서 법부法部로 보내온 보고서·질품서·판결서 등 공문서를 모아 엮은 법제 서류집이다. 국한문혼용체 문서로 '갑甲' 편은 128책, '을乙' 편은 52책으로 구성돼 있다.

학선(柳學善)·최창조(崔昌祚)와 문화군(文化郡)의 이름을 모르는 이가(李家) 등 여섯 놈을 즉각 찾아서 체포하라고 하셨습니다. 이에 따라 백낙희를 우선 총살한 사유는 이미 보고하였습니다. 같이 모의한 전양근(全良根)·백기정(白基貞)·김계조(金桂祚)와 수종한 김의순(金義淳)·백낙규(白樂圭) 다섯 놈을 당일 해시(亥時) 즈음에 교형에 처했고, 도망간 김형진·김창수·김재희·류학선·최창조와 문화군의 이름을 모르는 이가 등 여섯 놈은 찾고 있으나 모두 다른 군의 놈들이라 진실로 체포하기 어려우니 살펴주시기 바랍니다."

이를 보면 해주부에서는 김창수, 곧 김구의 존재를 알고 있었다. 그런데 역모에 연루된 김창수와 치하포 살인 사건의 김창수가 동일인임은 몰랐던 것 같다. 김구가 일절 신문에 응하지 않았기 때문이다. 당시 역모 사건 연루자의 이름은 한자로 '昌洙'가 아니라 '昌守'였던 것이다. 한자로 다른 글자이다 보니 해주부는 다른 인물로 알았던 모양이다.

이는 김구의 운명을 가른 중대한 '사건'이라 할 만하다. 만일 치하포 살인 사건의 범인 김창수가 역모에 가담한 자라는 사실이 알려졌다면 김구는 필시 형장의 이슬로 사라졌을 것이다. 다행히 한자漢字로 인한 혼동으로 김구는 인천항재판소에서 치하포 일본인 살인 사건에 관해서만 재판을 받게 되었다.

김구는 감옥 생활에 대해 상세히 기록해놓았는데, 이 또한 어



김구, 만들어진 신화

디서부터 어디까지 믿어야 할지 난감하다. 그가 『백범일지』에
"감옥 안의 왕이 되었다"고 써놓았듯 김구는 감옥 안에서 죄수들
은 물론 감리사 이재정과 경무관 김윤정金潤晶 등 고위급 관리들
로부터 '귀하신 몸'으로 대접을 받았고, 신문 과정에서도 이재정
이 깍듯이 대한 것으로 묘사해놓았다. 하지만 상식에 비추어 이
는 이해하기 어렵다.

　더욱 이해하기 어려운 건 그가 역사적 사실마저 바꾸어 기록
했다는 것이다. 다시 말해 엉터리 창작이 많다는 것이다. 다음이
한 예다.


　때는 건양(建陽) 2년쯤이었다. 황성신문(皇城新聞)이 창간된 때였
　다. 어느 날 신문을 보니 나의 사건을 간략히 게재하고, 김창수
　가 들어간 후로는 인천감옥이 감옥이 아니라 학교라고 쓴 기사
　를 보았다.[54]


　〈황성신문〉에 자신의 기사, 그것도 그가 들어간 후 감옥이 감
옥이 아니라 학교가 되었다는 '미담'이 실린 것을 보았다는 김
구의 기록은 완전히 창작이다. 김구가 인천 감옥에서 수감 생활
을 한 시기는 1896년 7월 초부터 1898년 3월 21일 탈옥할 때까
지다. 다 알다시피 〈황성신문〉은 1898년 9월 5일 남궁억, 나수연

----

54　도진순 주해, 『백범일지』, 돌베개, 116~117쪽.

등의 주도로 창간되었다. 김구가 탈옥한 이후의 일이다. 그런데 김구는 아직 창간되지도 않은 〈황성신문〉을 읽었다고 한 것이다.

혹시 김구가 다른 신문을 보고 〈황성신문〉으로 착각한 게 아닐까 생각할 수도 있다. 하지만 그 시절에는 신문이 다수 발행되지도 않았을뿐더러 특히 감옥에서 자신에 대한 기사가 실린 것을 보았다면 그 신문 이름을 잘못 기억할 수 있을까.

김구의 일본인 살해 사건이 보도된 적은 있다. 1896년 4월 7일 창간호가 발행된 〈독립신문〉의 1896년 9월 22일 자 기사다. 앞에서 언급했듯 감리사 이재정은 법부에 치하포 사건의 경과와 조속한 사건 처리를 요망하는 보고서를 올렸다. 그 내용이 〈독립신문〉에 실린 것이다.

> 인천감리 이재정 씨가 법부에 보고하였는데, 해주 김창수가 안악군 치하포에서 일본 상인 토전양량(쓰치다 – 저자)을 때려죽여 강물 속에 던지고 환도와 은전을 많이 뺏었기로 잡아서 공초를 받아 올리니 조율처판(照律處辦)하여 달라고 하였다더라.[55]

혹시 김구가 〈독립신문〉을 〈황성신문〉으로 착각한 건 아닐까. 하지만 여기서 보듯 〈독립신문〉은 사건의 대강을 간략히 보도하였을 뿐 김구가 이야기하듯 미담을 소개한 게 아니다. 그런 점에

---

55  〈독립신문〉 1896년 9월 22일 자, "잡보". 손세일, 『이승만과 김구』, 310쪽에서 재인용.



김구, 만들어진 신화

서 착각했다고 보기는 어렵고, 설혹 착각했다 해도 그가 소설을 썼다는 사실은 달라지지 않는다. 이처럼 김구는 『백범일지』 곳곳에서 자신을 과대 포장했다.

김구 창작의 하이라이트는 그가 사형당할 위기의 순간에 고종이 전화로 사형을 정지하라는 명을 내려 죽음을 면했다는 내용이다.

하루는 아침에 〈황성신문〉을 읽다 보니 경성·대구·평양·인천에서 아무 날 강도 누구누구, 살인 누구누구 등과 함께 인천에 있는 살인강도 김창수를 교수형에 처한다는 기사가 나와 있었다. 누구나 그런 기사를 본 다음에는 일부러라도 태연자약한 태도를 가지려고 하겠지만, 어찌 된 일인지 내 마음은 조금도 경동되지 않았다. 교수대에 오를 시간이 반일(半日)밖에 남지 않았지만 음식과 독서와 사람 만나는 일을 평상시처럼 하였다. (중략) 인천옥에서는 사형수 집행을 늘상 오후에 끌고 나가서 우각동(牛角洞)에서 교살하던 터이므로, 아침밥 점심밥도 잘 먹고 죽을 때는 어떻게 할 것인지 준비할 마음도 없이 그냥 있었지만 동료 죄수들이 마음 아파하는 모습은 차마 보기 싫었다. (중략) 이윽고 교수대로 끌려나갈 시간이 되었다. 그때까지 나는 성현의 말씀에 마음을 가라앉혔다가 성현과 동행할 생각으로 『대학』만 읽고 있었다. 그런데 시간이 지나도록 아무 소식이 없어 그럭저럭 저녁밥을 먹었다. 옆 사람들이 창수는 특수죄인이니 야간집행을 하려는가 보다 하였다.

저녁 무렵이 되어서 여러 사람의 발자국 소리가 나더니 옥문이 열리는 소리가 들렸다.

'옳지. 지금이 그때로군!'

하고 앉아 있는데, 내 얼굴을 보는 동료 죄수들은 마치 자기가 죽으러 가는 듯 벌벌 떨었다.

안쪽 문(內間門)을 열기 전에 감옥 뜰에서

"김창수 어느 방에 있소?"

하는 소리가 들렸다. 내 대답을 듣는지 마는지,

"아이구, 이제 김창수는 살았소! 우리 감리 영감과 감리서 전 직원과 각 청사 직원이 아침부터 지금까지 밥 한술 먹지 못하고 창수를 어찌 차마 우리 손으로 죽인단 말이냐 하고 서로 말없이 얼굴만 물끄러미 바라보며 한탄하였소. 그랬더니 지금 대군주(고종) 폐하께옵서 집무실(大廳)에서 전화로 감리 영감을 불러 계시옵고, 감리 영감은 김창수의 사형을 정지하라는 친칙(親勅)을 받잡고 밤중에라도 감옥에 내려가 창수에게 알려주라는 분부를 내리셨소. 오늘 하루 얼마나 상심하셨소?"

하는 것이었다.

그때 관청 수속이 어떠했는지는 모르나, 내 요량으로는 이재정이 그 공문을 받고 상부, 즉 법부에 전화로 교섭을 한 것 같았다. 그러나 그 후에 대청에서 나오는 소식을 들으면, 사형은 형식적으로라도 임금의 재가를 받아 집행하는 법이므로, 법부대신이 사형수 한 사람 한 사람의 심문서를 갖고 조회에 들어가 상감의 친감(親監)을 거친다고 한다. 그런데 그때 입시(入侍)하였던 승지(承旨) 중 한 사람이 각 죄수의 공건을 뒤적이며 보던 중, '국모보수(國母報讐)' 넉 자가 눈에 띄므로 이상하게 여기고, 이미 재가(裁可) 수속을 끝낸 안건을 다시 꺼내 임금께 보여드렸다. 그 내용을 보신 대군주께서는 즉시 어전회의를 여셨고, 의결한 결과 국제관계와 관련된 일이니 아직 생명이나 살리고 보자 하여 전화로 친칙하셨다 한다.[56]

김구는 자신이 교수형에 처해진다는 기사를 처형 당일 아침 〈황성신문〉에서 읽었다고 했다. 앞에서 본 것처럼 김구가 수형 생활을 한 시기에 〈황성신문〉은 창간 전이었다. 따라서 〈황성신문〉에서 그 기사를 보았다는 건 사실이 아니다. 그럼 다른 신문을 〈황성신문〉으로 잘못 기억한 것일까? 단순한 사건 보도가 아니라 자신의 사형 집행을 다룬 기사를 보도한 신문 이름을 기억하지 못할 수도 있을까. 일반적인 사람이라면 신문 이름은 물론 그 신문을 접했을 때의 심정까지도 생생히 기억할 것이다. 그 절체절명의 순간을 어떻게 잊거나 혼동할 수 있단 말인가.

더욱 기막힌 일은 고종이 사형 집행 직전 전화로 형 집행을 정지하라고 했다는 것이다. 이렇게 극적일 수 있을까. 이게 사실이

---

56　도진순 주해, 『백범일지』, 돌베개, 118~121쪽.

라면 이보다 더한 드라마도 없을 것이다. 하지만 이는 사실이 아니다. 아니, 사실일 수 없다.

한성(서울)과 인천 간에 최초 통화가 있었던 기록은 1898년 1월 24일이다. 당시 외무행정 일지인 『외무아문일기外務衙門日記』로, 이 날 기록은 "인천감리서 주사 조광희가 덕률풍('텔레폰'의 음역 – 저자)으로 전해 오기를 영국 군함 5척, 러시아 군함 1척, 미국 군함 1척이 닻을 내리고 머물러 있었는데, 육지로 상륙하였던 영국 병사가 금일 오전 10시에 승선하여 되돌아갔다고 한다"라고 되어 있다. 이는 물론 최초의 통화 기록이지 전화 개설 시점을 확정해주는 것은 아니라고 할 수도 있다. 그래서 김구의 『백범일지』를 이유로 한성 – 인천 전화망 설치 시점을 1896년 10월 2일(음력 8월 26일)로 보아야 한다는 주장까지 있다. 그러나 김구가 〈황성신문〉이 창간되기도 전 이 신문에 자기 기사가 실린 것을 보았다거나 그보다 앞서 동학농민전쟁에 참여했다는 대목에서 사실에 대한 과장 또는 왜곡이 다수 나타나므로 『백범일지』를 토대로 역사적 사실을 확정할 수는 없다.

전화의 연원이나 역사적 사실에 대해 가장 신뢰할 만하다고 여겨지는 한국전자통신연구원의 논문 「우리나라 전기통신기술 발달사에 관한 연구」도 김구의 기록을 신뢰할 수 없게 한다. 다음이 관련 내용이다.

한편 이 무렵부터 전화 사업도 시작되어 1898년 1월에 궁중과

 김구, 만들어진 신화

정부 각 아문 및 인천(해관)을 직통으로 연결한 최초의 궁중용 전화인 자석식 전화기가 설치되었는데, 이는 스웨덴 에릭슨사의 제품으로 알려졌다. 그 후 1902년에 이르러 통신원은 한성 – 인천 간의 시외통화 업무를 효시로 하여 본격적인 전화 사업을 시작하였는데 한성 시내에서의 시내 전화 교환 업무는 그해 6월 개시되었다.[57]

이에 따르면 김구가 고종의 전화 '친칙'으로 사형을 면했다는 날과 전화 개통일은 1년 수개월의 시간 차이가 난다. 그러니 김구의 기록을 창작으로 볼 수밖에 없는 것이다. 어떻게 이런 창작을 할 생각을 했을까. 김구는 『백범일지』를 통해 자신의 삶을 극적인 드라마로 만들면서 스스로를 우상화하려 한 듯하다. 어쩌면 그는 한국 사회의 위선을 꿰뚫고 있었는지도 모른다. 학자나 저술가들이 소설을 역사로 만드는 데 앞장서 온 게 그간의 현실이니 말이다.

## 역사에 없는 역사

김구는 『백범일지』에서 치하포 살인 사건과 체포, 인천 감옥의 극적인 사형 모면 등에 앞서 청국 기행과 평안북도(지금의 북한 자강

---

도) 강계 의병 참여 이야기를 장황하게 늘어놓았다. 그런데 강계에서 김구가 이야기한 의병의 거병이 있었다는 것이 역사적 사실인지가 불분명하다. 역사서나 어떤 역사 연구에서도 확인되지 않기 때문이다.

김구가 청국 여행을 결심한 것은 그의 스승 고능선의 권유 때문이다. 김구는 고능선의 집에서 많은 시간을 보냈는데, 고능선은 당시의 시국을 논하며 김구에게 이렇게 말한다.

"일반 백성들이 의義를 붙잡고 끝까지 싸우다가 함께 죽는 것은 신성하게 망하는 것이요, 일반 백성과 신하가 적에게 아부하다가 꾐에 빠져 항복하는 것은 더럽게 망하는 것일세. 지금 왜놈 세력은 온 나라에 차고 넘쳐 대궐 안까지 침입하여 대신들을 마음대로 내치니 우리나라를 제2의 왜국倭國으로 만든 것 아니겠는가? 만고천하에 망하지 않는 나라가 없고 죽지 않는 사람이 없은 즉 자네나 나나 죽음으로 충성하는 일사보국一死報國 한 가지 일만 남았네."

이에 김구가 망하지 않게 할 방도는 없느냐고 묻자 고능선은 다시 말한다.

"자네 말이 옳네. 기왕 망할 나라라도 망하지 않게 힘써 보는 것이 백성된 자의 의무지. 지금 조정 대신과 같이 무조건 외세에 영합하지 말고 청국과 서로 연합할 필요가 있네. 작년 청일전쟁에서 패했으니 청나라도 언젠가 복수 전쟁을 한번 벌이려 할 것이네. 적당한 인재가 있으면 청나라에 가서 사정도 조사하고 인

　　　　　　　　　　　　　김구, 만들어진 신화

물과 연락하여 후일 한목소리로 대처하는 것이 절대 필요한데 자네 한번 가보려나?"

김구는 "저같이 무지하고 지각없는 어린것이 간들 무슨 효과를 얻겠느냐"고 묻는다. 고능선은 이렇게 말한다.

"자네만으로 생각하면 그렇지. 그렇지만 이런 생각을 하는 동지들이 많으면 청나라의 정계·학계·상계 각 방면으로 들어가서 활동을 할 수 있지 않겠나. 지금은 누가 그런 뜻을 가진 사람인지 알 수 없으니 자네 한 사람이라도 그렇게 하는 것이 유익하겠다 싶으면 그대로 실행해 보는 것뿐이지."[58]

이렇게 해서 김구는 '청국 시찰'을 마음먹는다. 이렇듯 막연한 생각으로 청국행을 권한 고능선이나 그의 뜻을 따른 김구나 어처구니없기는 마찬가지다. 김구 자신이 말했듯 김구는 당시 지식 체계를 제대로 갖춰 사회적으로 인정받는 처지도 아니거니와 경륜도 부족한 스무 살 청년에 지나지 않았다. 그런 사람이 청나라에 가서 각계와 접촉해 혹시 있을 수도 있는 일본과의 전쟁에서 협동전선을 꾀한다는 게 현실적으로 가능한 일인가.

그런 점에서 고능선이라는 인물은 뜻이 높았다는 평가를 받을지는 모르나 낡은 사고의 틀에서 벗어나지 못한 위인에 지나지 않았던 듯하다. 물론 김구는 그 정도의 위인도 되지 못한다. 그는 마치 한량 같기도 하고, 건달이면서도 공명심으로 자신을 과대

---

58　도진순 주해, 『백범일지』, 돌베개, 66쪽.

포장하는 망상가 같기도 하다.

그러던 중 김구는 어느 날 안 진사(안태훈) 집 사랑에 갔다가 김형진金亨鎭이라는 참빗장수를 만난다. 여기서 등장하는 김형진은 앞에서 말한 '산포수 거사' 사건의 그 김형진이다. 그는 김구보다 8~9세 많은 사람으로 여느 참빗장수와는 달랐다. 김구는 김형진을 자기 집으로 데려가 하룻밤을 같이 자며 이런저런 이야기를 나누는 과정에서 그가 삼남三南 지방에서도 신천信川 청계동에 있는 안 진사가 당대의 대문장이요, 대영웅이라는 소문이 있어 찾아왔다는 것을 알게 된다. 김구의 눈에 김형진은 사람됨이 그다지 출중해 보이지 않고 학식도 넉넉하지는 못해 보였으나 시국에 대한 불평으로 무슨 일을 해보겠다는 결심은 있어 보였다.

김구는 집에서 부리던 말 한 필을 내다 팔아 200냥의 여비를 준비해 김형진과 함께 청나라로 출발했다. 두 사람은 재령載寧, 봉산鳳山, 황주黃州, 중화中和를 거쳐 평양에 도착했고, 그곳에서 참빗장수 행세를 하기로 하고는 여비를 전부 들여 참빗·붓·먹과 기타 산중에서 요긴한 물품을 구입해 다시 길을 떠났다.

그들은 강동江東·양덕陽德·맹산孟山을 지나 고원高原·정평定平을 거쳐 함흥咸興 감영監營에 도착했다. 그리고 남대천南大川 다리를 건너 북청北靑·단천端川을 거치고 마운령摩雲嶺을 넘어 갑산군甲山郡에 도착하니 을미년(1895년) 7월경이었다. 거기서 다시 혜산진惠山鎭·삼수군三手郡·장진군長津郡·후창군厚昌郡·자성군慈城郡·중강中



김구, 만들어진 신화

江郡을 거쳐 중국 땅인 모아산帽兒山에 도착했다.

이처럼 김구의 걸음을 따라 그가 다닌 곳을 모두 열거하는 까닭이 있다. 김구는 기행문을 쓰기라도 하듯 각 지역의 특색이나 유적, 전해오는 이야기 등을 놀라우리만치 세세하게 쓰고 있다. 당시 일일이 메모하지 않았다면 여행 직후에라도 그렇게 쓰기는 어려웠을 것이다. 이를테면 남대천을 소개하며 김삿갓이 읊었다는 '남대천시南大川詩'의 한 구절을 옮겨놓고 사람들이 명작이라 했다는 이야기나, 혜산진에 가서 제천당祭天堂을 구경했다며 제천당 주련柱聯(기둥이나 벽 따위에 장식으로 써서 붙이는 글귀)에 있는 글을 써놓았는데, 메모를 꼼꼼히 하지 않고는 수십 년이 지난 뒤 그걸 기억해내서 쓰는 것은 불가능하다. 따라서 김구가 『백범일지』의 청국 기행 관련 부분을 쓸 때 다른 기록이나 자료를 참고해 썼음을 미루어 짐작할 수 있다. 김구는 왜 애써 그렇게까지 했을까? 그와 동행했던 김형진이 남긴 기록이 그 의문을 풀어준다.

김형진은 김구와 함께 청나라에 다녀온 이야기를 『노정약기路程略記』에 남겼다. 그런데 김형진의 기록과 김구의 기록은 전혀 다르다. 특히 모아산 도착 이후의 이야기는 함께 여행한 사람의 것이라 할 수 없다. 이 차이에 또 다른 비밀이 숨어 있다. 계속해서 김구의 발걸음을 따라가 보자.

『백범일지』에 따르면 김구와 김형진은 모아산에서 통화현성通化縣城으로 갔다. 그들은 통화·환인桓因·관전寬甸·임강臨江·집안集安 등지를 돌아다녔다. 이 지방을 두루 돌면서 수소문해보니 벽동碧潼 사람 김이언金利彦이 힘과 용기가 남달리 뛰어나고 학식도 풍부하다 했다. 일찍이 심양자사瀋陽刺史가 그의 용력勇力을 높이 사 준마 한 필과 『삼국지』 한 질을 주었고, 청나라 고급 장교들에게도 융숭한 대우를 받고 있다 했다. 두 사람은 김이언이 청나라의 원조를 받아서 의병 거병을 도모하고 있다는 이야기를 들었다. 그래서 두 사람은 때로는 각자, 때로는 함께 다니면서 수소문해 김이언의 비밀 주소를 알아냈다. 강계군 서문인 인풍루 밖으로 80여 리를 더 가서 압록강을 건너면 그곳 사람들이 보통 황성皇城이라 부르는 곳에서 10여 리 되는 곳에 삼도구三道溝라는 곳이 있었다. 하지만 김이언의 사람됨과 정말 의병을 일으킬 뜻이 있는지, 혹시 무슨 술책으로 사람들을 꾀는 것은 아닌지 각자 관찰하기 위해 두 사람은 따로 김이언을 찾아가기로 한다.

그런데 김형진의 『노정약기』에는 김이언 이야기가 나오지 않는다. 김구가 기록한 대로 김이언이 의병을 일으킬 것이라는 이야기를 들어 진의를 알아보고 김이언의 거사에 함께하기로 했다면 김형진의 『노정약기』에 그 이야기가 빠질 리 없다. 청나라에 간 목적에 가장 부합하는 일이라고 할 때 당연히 『노정약기』의 핵심 이야기가 돼야 마땅하다. 그런데도 김형진은 대략적 이야기도 남기지 않았다. 어쨌든 김구의 기록을 일단 따라가 보자.

김형진을 먼저 보내고 네댓새 뒤에 출발한 김구는 남쪽을 향해 가던 중 말을 탄 청나라 무관 한 사람을 만났다. 김구는 덮어

놓고 말머리를 잡았다. 그러자 무관이 말에서 내렸다. 서로 말이 통하지 않았으므로 김구는 항상 품 안에 소지하고 있던 '취지서' 한 장을 내보였다. 그 무관은 취지서 가운데 "통탄할 바, 저 왜적은 나와 함께 같은 세상을 살 수 없는 원수(痛彼倭敵與我 不共戴天之讐)"라는 구절을 보자 김구를 붙들고 통곡하는 것이었다. 두 사람은 필담으로 대화를 나누었다. 무장은 김구에게 왜 일본을 원수라고 하는지 물었고, 김구는 국모를 불살라 죽였기 때문이라고 답했다. 이번엔 김구가 무관에게 왜 통곡했느냐고 물었다. 그러자 그는 자신은 갑오년 평양 싸움, 곧 청일전쟁의 평양 전투에서 전사한 서옥생徐玉生의 아들인데 부친의 시체를 수습하러 갔다가 찾지 못하고 돌아가는 중이라고 했다.

둘은 이내 의기가 통하여 호형호제하기로 했다. 서옥생의 아들은 김구에게 자기 집으로 가자고 제안했으나 김구는 김형진과의 약속도 있고, 김이언이 거병한다 하니 자세한 내용을 알고자 하여 부모 승낙을 받아야겠다고 핑계를 대고는 거절했다. 그런 다음 김구는 그와 헤어져 김이언을 찾아간다.

그런데 김구는 서옥생의 아들로부터 그의 집안에 대해 상세히 듣고 또 나이까지 들었으면서도 정작 서옥생의 아들, 곧 무관의 이름은 밝히지 않았다. 별로 중요하다고 생각되지 않는 사항, 심지어 아편으로 몸이 삐쩍 마른 사람의 이름까지 기록하면서도 자기와 의기투합해 호형호제하기로 한 사람의 이름은 남기지 않았다. 이것이 시사하는 바는 무엇일까? 그 점은 뒤에서 살펴보기로 하고 계속 김구의 기록을 따라가 보자.

김구가 보기에 김이언은 용력은 뛰어났으나 도량은 부족한 사람이었다. 하지만 김이언은 의병 운동의 수령이 되어 많은 의병을 모집했다. 압록강을 사이에 두고 이쪽 변방으로는 초산楚山·강계江界·위원渭源·벽동碧潼 등에서 몰래 포수를 모집했고, 저쪽 변방으로는 청나라 강 근처 일대에서 이주민 포수를 모집해 그 수가 300명 가까이 되었다. 물론 김구와 김형진 두 사람도 의병에 참여했다.

이들이 거사한 때는 을미년, 곧 1895년 11월 초로 압록강은 대부분 얼어붙어 빙판을 이루고 있었다. 의병군은 삼도구에서 압록강을 건너 강계성까지 바로 들어갈 계획이었다. 삼도구는 평안북도(현재 자강도) 자성군 북쪽 압록강 연안 일대를 가리키는 지역으로, 김이언의 의병은 압록강 북쪽 중국 땅에서 강을 건너 조선으로 넘어왔다는 이야기가 된다. 김구가 김이언에게 강계로 들어갈 계획을 물으니 강계 병영에 이미 장교들과 내응해두었으니 성에 들어가는 건 문제가 없다고 했다. 김구가 또 청나라 군사들을 다소라도 사용할 수 있는지 물으니 김이언은 이번에는 안 되지만 그들이 거병해 강계를 점령하면 원병이 온다고 했다.

김이언은 먼저 고산진을 쳐서 무기를 탈취한 다음 제2차로 무기를 가지고 강계를 공격한다는 계책을 세웠다. 김구는 그들에게 300여 명의 포수가 있어 그 병력만으로도 충분하니 바로 공격하

 김구, 만들어진 신화

자고 했으나 김이언은 그 말을 듣지 않았다. 첫날, 의병군은 김이언의 계획대로 고산진에 침입해 무기를 탈취한 뒤 빈손으로 종군하는 자들에게 나눠 지급하고 다음 날 강계로 진군했다. 그러나 공격은 완전히 실패로 돌아갔다. 그 장면을 살펴보자.

인풍루 밖 10리가량 되는 곳에 선두가 도착하자 강의 남쪽 기슭에 있는 소나무 숲속에서 화승총 불빛이 반짝거리고 있었다. 강계대 소속 장교 몇몇이 우리를 맞이하러 나와서 김이언을 찾아서 물었다.

"이번에 오는 중에 청병(淸兵)이 있는가?"

김이언은 대답했다.

"우선 강계를 점령하고 통지하면 곧 청병이 올 것이오."

그 장교들은 고개를 설레설레 흔들면서 돌아갔다. 그들이 돌아가자마자 솔숲에서 포성이 울려 나오더니 탄환이 비처럼 쏟아지기 시작했다. 좌우의 산골짜기 험준한 빙판 위에서 근 천여 명의 사람과 말 떼가 큰 혼잡을 빚으며 물밀듯이 밀려 나가고 들어오니 어느새 총알에 맞아 죽는 자, 다쳐서 아우성을 치는 자들이 생겨나기 시작했다.

나는 김형진과 몇 걸음 후퇴하면서 상의하였다.

"김이언의 금번 실패는 영원한 실패라 다시 사람들을 모으지 못할 거요. 그러니 저들과 같이 퇴각할 아무 필요가 없소. 이렇게 낯선 행색으로는 잡히기 쉬울 것이니 잠시 강계성 부근에서 몸을 피했다가 고향으로 돌아갑시다."[59]

이렇게 해서 두 사람은 황해도로 돌아왔다.

이제 김형진의 기록을 보자. 미리 말해두지만, 김형진의 『노정약기』 또한 김구의 『백범일지』와 마찬가지로 과장이 심해 창작으로 의심되는 대목이 적지 않다. 따라서 큰 줄기를 중심으로 사실관계를 파악하는 데 치중하기로 한다.

김형진은 두 사람이 통화현에서 북쪽으로 1,000리를 넘게 가서 심양瀋陽의 서쪽 금주錦州에 도착했다고 기록했다. 그곳에는 사방 100리 안에 많은 군대가 진陣을 치고 있었다. 김형진은 그곳에 주둔 중인 군대의 대장을 만나기 위해 진영 안으로 들어가 스스로 관병官兵들에게 잡힌다.

그들은 그 군대의 장군이 "조선인은 모두 왜倭와 개화開和를 하여 우리 진영의 허실을 탐문할 것이니 조선인을 보면 죽이라"고 명했다며 쇠철사로 사지를 묶었다. 그런 와중에도 김형진은 통역을 하는 자에게 대장을 보러 왔다고 말해 대장을 만났는데, 그가 마통령馬統領이었다. 김형진이 자신들은 의병을 모아 왜적(일본군)과 싸우다가 패해 상국上國 중국으로 망명하러 왔다고 고하며 자기들을 믿지 않는 병사들을 꾸짖으니 마대인, 즉 마통령이 직접 결박을 풀어주며 서로 인연을 맺었다. 그래서 그곳에서 며칠 머

---





김구, 만들어진 신화

물다가 훗날을 기약하고 청계동으로 돌아왔다.

김구는 『백범일지』에서 청나라에 한 번 다녀왔다고 했는데, 김형진은 『노정약기』에서 한 번 더 청나라에 간 것으로 기록했다. 두 번째 청나라 여행에서 두 사람은 심양에 다시 도착해 연왕燕王을 만났는데, 그는 성姓은 이李요 이름은 극강克康이었다.

김형진은 자기가 연왕의 명으로 장수가 되어 회회족(위구르족)과 전투를 벌여 큰 공을 세웠다고도 했는데, 말이 통하지 않아 필담으로 겨우 대화하는 처지에 군대를 지휘했다는 것부터 심양 인근에서 위구르족과 전투를 벌였다는 데 이르기까지 역사적 사실이라고 믿을 만한 대목이 하나도 없다. 아마 김형진이 연왕에게 신임을 얻었다는 점을 과장해서 기술한 게 아닌가 싶다. 물론 연왕 이극강의 존재도 분명치 않다.

김형진은 마침 그곳에 와 있던 조선 선비들과 함께 연왕에게 상소문을 올려 청나라의 원병을 호소했다. 그리하여 연왕을 통해 심양瀋陽·뇌양雷陽·길림吉林의 삼도 도통령都統領 서경장徐敬章을 만나게 되는데, 서경장은 보군도통령步軍都統領을 상징하는 금자령기金子令旗 한 쌍을 주며 후일 조선에 파병할 것을 문서로 약속했다고 한다. 이러한 서경장과 마대인의 약속이 '산포수 거사' 모의 당시 김형진이 청병이 원군으로 온다고 큰소리친 배경이다.

김구의 『백범일지』에는 마대인이나 서경장에 대한 언급이 전혀 없다. 그런데 김구가 치하포 일본인 상인 살해 사건으로 인천 감리소에서 세 번의 취조를 받았을 때, 그중 재초再招 기록에 서경장이라는 이름이 등장한다.

> "그대는 자칭 중국에서 출첩(出帖)한 좌통령(左統領)이라 하였다는
> 데 진실로 중국에서 출첩한 것인가, 그러지 않으면 스스로 자칭
> 한 것인가?"
> "그것은 자칭이 아니라 중원 사람 서경장의 하첩(下帖)을 받았
> 으며, 이밖에는 할 말이 없다."

이로 미루어 볼 때 김구가 서경장을 만난 것은 분명하다. 김
형진의 기록이 더 믿을 만하다는 뜻이다. 비록 과장과 일부 창
작이 의심되는 대목이 있기는 하지만, 사실관계만을 따질 때
『백범일지』보다는 김형진의 『노정약기』가 신빙성이 더 높다는
이야기다.

김구가 『백범일지』에 청나라에 가서 만난 중국인으로 기록한
사람은 청일전쟁 당시 평양전투에서 전사했다는 서옥생의 아들
한 사람뿐이고, 그마저도 이름은 남기지 않았다. 서경장으로부터
좌통령 직함을 받았다면 그 사실을 기록하지 않았을 리 없다. 특
히 자신의 삶을 과장하고 미화해 영웅적 서사를 만들려 했던 그
가 매우 특기할 만한 '사건'을 무슨 까닭으로 빼버렸을까?

김구가 『백범일지』 '청국 시찰'에서 연왕이나 서경장과의 만
남을 일절 언급하지 않은 것은 그보다 더 극적인 서사를 만들기
위해서가 아니었을까 한다. 『노정약기』대로라면 김구와 김형진

   김구, 만들어진 신화

이 동행해 심양에 갔을 때 김형진이 주도적 역할을 한 데 반해 김구는 수동적으로 김형진을 따라다녔을 것이다. 따라서 김구는 자기가 주인공이 되는 서사가 필요했고, 그게 바로 김이언 거병 이야기다. 그런데 『노정약기』에는 김이언 이야기가 아예 빠져 있다.

이에 대해 김상구는 청나라 무관, 곧 서경장과의 만남을 인용할 경우 역모사건이었던 장연 '산포수 거사' 건을 다루지 않을 수 없어 청나라 무관 이야기를 빼고 그 대신 김이언 의병 사건을 창작한 것이라고 주장했다.[60] 일본인 약장수 살해 사건을 '국모보수'라는 명분으로 자신을 영웅화하는 데 있어 '산포수 거사'와 연결되는 연왕이나 서경장과의 만남은 포기하고 그 대신 김이언 의병이라는 허구를 창작해냄으로써 '국모보수'를 더욱 그럴싸하게 만들었다는 이야기다.

김구는 역사에 없는 역사를 만들어냈다. 그러고 보면 김구가 북행길 이야기에서 남대천 다리를 건널 때 김삿갓이 읊었다는 '남대천시南大川詩' 한 구절을 옮겨놓고 사람들이 명작이라 했다는 이야기나, 혜산진에 가서 제천당을 구경했다며 제천당 주련에 있는 글귀까지 세세하게 써놓은 데는 이유가 있었다. 자신이 만들어낸 '역사', 곧 김이언 의병 이야기의 신빙성, 나아가 치하포 살인 사건의 대의명분을 내세우기 위한 작업이었던 셈이다.

---

60    김상구, 『(친일파가 만든 독립영웅) 김구 청문회 1』, 매직하우스, 41쪽.

# 독립운동 동지 살해

김구는 1919년 3·1 만세운동 직후 상하이로 건너간다. 그리고 임시정부 내무총장(내무부 장관) 안창호로부터 경무국장으로 임명된다. 경무국장은 지금으로 치면 대통령 경호처장 겸 경찰청장이라 할 수 있다. 그런데 실제로는 그런 역할을 넘어서는 역할을 담당했다. 김구의 설명을 보자.

> 나는 5년 동안 경무국장으로서 신문관, 검사, 판사뿐만 아니라 집행까지도 담당하였다. 범죄자 처결하는 것을 요약하면, 말로 타이르는 것 아니면 사형이었다. 예를 들면 김도순(金道淳)이라는 17세 소년은 본국에서 파견되었던 정부 특파원의 뒤를 따라 상해(상하이)에 와서 왜(일본) 영사관과 협조하여 그 특파원을 체포코자 하였다. 그 소년은 왜 영사관으로부터 여비 10원을 받았는데, 그가 미성년자임에도 불구하고 부득이 극형에 처한 일이 있었다. … 남(프랑스)의 조계지에 붙어 사는 임시정부니만치, 경무국 사무는 현재 세계 각국의 보통 경찰행정과는 달랐다. 그 주요 임무는 '왜적'의 정탐 활동을 방지하고, 독립운동자의 투항 여부를 정찰하여 왜의 마수가 어느 방면으로 침입하는가를 살피는 것이었다. 나는 정복과 사복 경호원 20여 명을 임명하여 이 일을 수행하였다.[61]

---

61  도진순 주해, 『백범일지』, 돌베개, 302쪽.

　　　　　　　　　　　김구, 만들어진 신화

상하이의 프랑스 조계지에서 일본의 감시와 공작으로부터 독립운동가들을 지키고 임시정부를 보호하기 위해서는 경무국이 통상의 경우와 달리 신문訊問에서부터 처형까지 도맡아 할 수밖에 없었을 것이다. 자체 교도소나 구치소를 갖춘 것도 아니었으니 '말로 타이르는 것 아니면 사형'은 불가피했을 것이다.

하지만 그렇더라도 17세 소년을 극형에 처했다는 건 공감하기 어렵다. 그것 외에 다른 길은 없었을까. 당시 경무국장이 김구가 아닌 다른 사람이었어도 같은 결론을 내렸을까. 극형이 구체적으로 어떤 것인지는 알 수 없으나 잔인하게 죽였다는 의미로 읽힌다. 이적죄를 저질렀다고는 하나 처벌 대상이 소년이었다는 점에서, 그리고 한 번의 실수를 이유로 참회하고 다른 삶을 살 기회도 주지 않은 채 목숨을 빼앗은 것은 어떤 명분으로도 정당화될 수 없다고 본다. 아무튼 김구는 그런 인물이었다.

더 이해할 수 없는 일도 있다. 돈 문제로 독립운동 동지를 암살한 일, 이른바 김립金立 암살 사건이다. 김구는 『백범일지』에서 김립이 러시아로부터 받은 지원금을 횡령했다고 썼다.

기미년 즉 대한민국 원년(1919년)에는 국내외가 일치하여 민족운동에 매진하였다. 그러나 세계 사조가 점차 봉건이니 사회주의니 복잡해지면서, 단순하던 우리 운동에도 사상이 갈라지고, 음양으로 투쟁이 전개되었다. 임시정부 직원 중에도 공산주의니 민족주의니 하는 분파적 충돌이 격렬해졌다. 심지어 정부의 국무원 중에도 대통령과 각 부 총장들 간에 민주주의냐 공산주의냐로 각기 옳다는 주장을 좇아 갈라졌다. 그 대강을 거론하면 국무총리 이동휘(李東輝)는 공산혁명을 부르짖고, 대통령 이승만은 민주주의를 주창하였다.

이로 인해 국무회의 석상에서도 의견 불일치로 때때로 논쟁이 일어나 국시(國是)가 바로 서지 못하고, 정부 내부에 괴이한 현상이 거듭 일어났다. 예를 들면 국무회의에서 여운형(呂運亨)·안공근(安恭根: 안중근 의사의 동생 - 저자)·한형권(韓亨權) 3인을 뽑아 러시아에 대표로 보내기로 결정하고 여비를 갹출하던 중, 금전이 입수됨을 보고 이동휘가 자기 심복인 한형권을 비밀리에 먼저 파견하였던 일이 있었다. 이동휘는 한이 시베리아를 통과하고 난 뒤에야 이를 공개하였으니, 정부나 사회에 물의가 분분하였다. (중략) 마침내 한(한형권)이 모스크바에 도착하니 러시아 최고지도자인 레닌 씨가 친히 맞이하며, 독립자금은 얼마나 필요한지 물었다. 한은 입에서 나오는 대로 200만 루블을 요구하였다. 레닌은 웃으면서 반문하였다.

"일본을 대항하는 데 200만으로 될 수 있는가?"

한은 본국과 미국에 있는 동포들이 자금을 조달한다고 답변하였다. 그러자 레닌은 자기 민족이 자기 사업을 하는 것은 당연하다고 말하고, 즉시 러시아 외교부에 명령하여 현금으로 200만 루블을 지급하게 하였으나 외교부는 금괴 운반 문제 때문에 시험적으로 제1차 40만 루블을 한형권에게 주었다. 한이 시베리아

  김구, 만들어진 신화

에 도착할 시기를 맞추어 이동휘는 비서장인 김립을 밀파해 한 형권을 종용하여 금괴를 임시정부에 바치지 않고 중간에 빼돌렸 다. 김립은 이 금괴로 북간도에 자기 식구들을 위하여 토지를 매 입하였고, 이른바 공산주의자라는 한인·중국인·인도인에게 얼 마씩 지급하였다. 그리고는 자기는 상해에 비밀리에 잠복하여 광동 여자를 첩으로 삼아 향락하는 것이었다.

이 사건으로 인하여 임시정부에서 이동휘에게 죄를 물으니 이 씨는 총리직을 사직하고 러시아로 도주하였다. 또한 한형권은 러시아 수도에 가서 통일운동을 하겠다는 이유를 설명하고, 다 시 20만 루블을 가지고 상해에 잠입하여 공산당에게 금력을 풀 어 이른바 국민대표대회를 소집하였다. (중략) 정부의 공금횡령 범 김립은 오면직(鳴冕稙)·노종균(盧宗均) 등 청년들에게 총살을 당하니 사람들이 통쾌하게 생각하였다. 임시정부에서는 한형권 을 러시아 대표직에서 파면하고 안공근을 러시아 주재 대표로 파송하였다. 그러나 별 효과가 없이 러시아 외교는 끝내 단절되 었다.[62]


김구는 김립이 오면직·노종균 등 청년들에게 총살당했다고 했다. 언뜻 들으면 자신과 무관한 일처럼 이야기한 것으로 생각 될 수 있고, 또 그렇게 지적하는 사람도 있다. 하지만 '사살'이 아

---

62  앞의 책 309~313쪽.

니라 '총살'이라고 한 것은 형을 집행했다는 의미다. 다시 말해 경무국장 김구의 지시로 경무국 소속 청년들이 김립을 암살했다는 이야기다. 김립은 1922년 2월 10일 오후 2시쯤 상하이 북쪽 중국인 거주지의 한 거리에서 오면직 등 여러 명에게 13발의 총탄 세례를 받고 현장에서 즉사했다.

김립은 과연 김구의 기록대로 임시정부 공금을 횡령했을까? 비교적 최근까지 김립은 공금을 가로채 공산주의자들에게 일부 지급한 뒤 자기 식구를 위해 토지를 매입하고 향락을 누리는 데 쓴 파렴치한으로 알려져 있었다. 『백범일지』 탓이다. 김구 자서전만 본 사람이라면 지금도 김립을 부정적으로 생각할 것이다. 단순한 기록이 아니라 한국 사회에서 우상으로 받드는 김구가 자서전에 남긴 기록이니 그 진위를 따져보는 것조차 불순하게 생각할지도 모른다. 하지만 김립에 대한 김구의 기록은 많은 부분에서 사실과 다르다.

김립의 임시정부 공금횡령 여부를 확인하려면 당시 상황을 먼저 살펴봐야 한다. 『백범일지』에는 레닌의 지원 결정, 자금 수수 사실과 운반 과정, 그리고 김립의 자금 유용에 대해서만 간략히 서술돼 있을 뿐이어서 어떤 상황 속에서 어떤 과정을 거쳐 코민테른과 소비에트러시아의 자금 지원이 이루어졌는지는 알 수 없다.

레닌이 한국 독립운동에 대한 아무 정보도 갖지 못한 상황에서 임시정부가 파견한 사람이라고 주장하는 사람을 만나 선뜻



김구, 만들어진 신화

200만 루블을 지원하기로 약속했다고 보기는 어렵다. 200만 루블이라는 거금을 지원하기로 한 모스크바의 결정은 한국 독립운동은 물론 한인 사회주의자들의 활동에 대한 충분한 정보와 공감이 전제되지 않으면 생각하기 어려운 일이다. 그렇다면 한형권이 가기 전 모스크바에서는 어떤 일이 있었을까.

당연한 일이지만 소비에트러시아에 대한 외교활동은 한국인 공산주의자들에 의해 시작되었고, 박진순朴鎭淳이 그 중심에 있었다. 박진순은 연해주 수찬에서 태어났다. 블라디보스토크에서 동쪽으로 32km 떨어진 지역이다. 말하자면 박진순은 연해주 한인 2세였다. 그는 어린 시절 그 지역에 있던 한인 근대식 초등학교에서 조선어와 한문, 러시아어를 배웠다. 1912년, 박진순은 열다섯 살에 러시아어로 교육하는 중등학교에 진학해 4년 동안 수학했다. 학교를 졸업하면서 교사 자격증을 취득한 것으로 보아 이 학교는 일종의 사범학교였던 것 같다.

박진순은 이 학교 교육을 통해 조선어와 러시아어를 모국어처럼 유창하게 구사할 수 있게 됐다. 그뿐 아니라 재학 중에 혁명사상을 접해 제정러시아의 저명한 혁명사상가 알렉산드르 게르첸과 니콜라이 체르니솁스키의 저작을 탐독했다고 한다. 또 게오르기 플레하노프 같은 마르크스주의자, 미하일 바쿠닌과 표트르 크로포트킨 같은 무정부주의자의 저술에도 큰 흥미를 느꼈다.[63]

---

63　인터넷 〈한겨레21〉 2022년 1월 11일.

러시아어에 능하고 당시 러시아를 휩쓴 마르크스·레닌혁명에 정통했던 박진순은 이동휘, 김립 등과 함께 1918년 러시아 이르쿠츠크에서 한국 최초의 사회주의정당인 한인사회당을 결성했고, 1919년 3·1운동 직후인 4월경 박애, 이한영 등과 함께 모스크바에 파견되었는데, 박진순의 활약이 특히 두드러졌다. 그는 코민테른에 한인 대표로 참여하는 등 사회주의자로서의 활동과 조선 독립을 위한 외교활동을 전개하며 두각을 나타냈다.

이러한 박진순의 활약은 당연히 식민지 한국의 독립 당위성에 대한 이해와 인식을 모스크바 당국에 심어주었을 것이다. 더욱이 한국이 식민지로 전락한 것이 러시아가 일본에 패전한 결과라는 사실도 한국 독립운동에 대한 공감을 넓혀주었을 것이다. 레닌은 약소국들은 사회주의혁명보다 민족해방이 우선한다고 선언한 바 있었다. 이런 가운데 한형권이 모스크바에 파견된 것이다.

김구는 한형권의 모스크바 파견을 이동휘의 정파적 목적에 따른 것이라는 취지로 이야기했으나 다른 설명이 있다.

박진순의 외교활동이 절정에 달했을 때 또 한 사람의 유력한 외교활동가가 모스크바에 모습을 드러냈다. 상하이 대한민국 임시정부에서 파견한 전권대사 한형권이었다. 그가 모스크바에 도착한 시점은 1920년 5월 말이었다.

임시정부 국무원에서 모스크바 대사 선임을 논의할 때 애초에 거론된 사람은 한형권, 여운형, 안공근 세 사람이었다. 러시아 말에 능통하거나 영어로 의사소통할 수 있는 이들이었다. 그러나 국무총리 이동휘는 여러 사람의 대사를 파견해서는 안 된다고 판단했다. 세 사람 모두 임시정부에 참여하는 3대 정치세력의 입장을 각각 대변하고 있었기 때문이다. 1919년 10월 통합 임시정부 출범 이후 내각은 3대 정치세력의 연립정부라는 성격을 띠고 있었다. 흥사단을 중심으로 하는 안창호 그룹, 임시정부 내에서 최대 지분을 갖고 있는 이승만 그룹, 국무총리 이동휘가 대표하는 한인사회당 그룹이었다.

이동휘 국무총리는 외교관 파견이 정치적 안배로 이뤄져서는 안 된다고 생각했다. 3인의 대사를 선임했다가는 외교활동의 통일성을 보장하지 못하는 데다가 혼선을 초래할 우려가 있었다. 이동휘 국무총리는 한 사람만 보내기로 결심하고 한형권에게 전권대사 신임장을 부여했다. 한형권이 한인사회당 당원이라는 사실도 그러한 판단의 기준이 됐을 것이다. 이미 파견되어 있는 한인사회당 대표단과 호흡을 맞춰 일하려면 그 외에는 적임자가 없었다. (중략) 박진순과 한형권, 두 사람은 긴밀히 협력했다. 한 사람은 당 수준에서 코민테른과 러시아 공산당의 요로를 뚫었고, 또 한 사람은 정부 수준에서 러시아 외무인민위원부의 관료들과 빈번히 접촉했다. 한인사회당 대표와 대한민국 임시정부 대표의 콤비 플레이는 1920년 9월에 이르러 마침내 엄청난 성과를 거뒀다. 모스크바 자금 1차분 금화 40만 루블을 수

령하게 된 것이다.[64]

　김구는 『백범일지』에서 "임시정부 국무회의에서 여운형·안공근·한형권 3인을 뽑아 러시아에 대표로 보내기로 결정했는데, 당시 국무총리 이동휘가 자기 심복인 한형권을 비밀리에 먼저 파견한 뒤 한형권이 시베리아를 통과하고 난 뒤에야 이를 공개했다"고 했다. 그래서 마치 이동휘가 한인사회당을 위해 임시정부를 배신한 것으로 읽히게 한다. 하지만 임경석이 서술한 대로 이동휘는 러시아에 외교관을 파견하면서 각 파벌 대표를 모두 파견하는 것은 바람직하지 않다고 판단해 한형권을 전권대사로 파견했다고 보는 게 합리적이다. 또 당시 시베리아에 있었던 안공근은 연락이 닿지 않았고, 여운형은 고비사막을 횡단하는 것을 원치 않아 유럽을 거쳐 모스크바로 가는 통로가 해제되기를 기다리기로 했다는 점에서 이동휘가 한형권을 전권대사로 파견한 것을 음모론적 시선으로 바라볼 것만은 아니다. 이동휘가 사회주의혁명 노선에 더 무게중심을 두었다 해도 모스크바 전권대사 파견을 정파적 행위로만 치부할 것은 아니라는 말이다.

　중요한 점은 한형권 한 사람을 파견했다는 것이 아니라 코민테른과 러시아 소비에트 정권의 지원 대상이 누구였으며, 지원금의 사용 권한이 누구에게 있었느냐는 것이다. 이에 대해서는 두

---

64　임경석, 『독립운동 열전』, 푸른역사, 65~66쪽.

가지 주장이 대립한다. 하나는 지원 대상이 임시정부였으므로 자금의 사용 권한 역시 임시정부에 있다는 것이고, 다른 하나의 주장은 코민테른의 지원 대상은 한인사회당이었기 때문에 사용 권한은 한인사회당에 있다는 것이다. 김구와 임시정부의 입장은 물론 모스크바의 지원은 임시정부를 위한 것이므로 당연히 사용 권한도 임시정부에 있다는 것이었다. 그래서 김립을 처단한 것이다. 그러나 당시 김구와 임시정부의 판단은 자의적일 수 있다. 모스크바에서 보여준 박진순의 활약 및 코민테른과 모스크바 당국의 입장에 대해 정확한 정보를 얻지 못했을 수도 있기 때문이다. 최근의 연구는 다른 결론을 내고 있다.

> 도대체 김립을 죽음으로 몰아넣은 금화 40만 루블의 관할권은 누구에게 있는 것인가? 코민테른 기록에는 이 문제를 명시적으로 언급한 문서가 여기저기서 발견되고 있다.
>
> 먼저 '얀손 보고서'를 보자. 김립 암살 사건으로 모스크바 자금을 둘러싼 분규가 격화되자 결국 코민테른이 나섰다. 코민테른은 이 문제의 실상을 조사하고 해결책을 입안할 수 있는 특별한 조치를 취했다. 특별 감사관을 임명한 것이다. 1922년 5월 초순 한국 자금 문제 감사관으로 선임된 사람은 러시아 공산당 극동국 간부인 얀손이었다. (중략) 얀손은 자신에게 부여된 권한을 활용하여 폭넓은 조사에 착수했다. 자금의 수령과 집행 관련 인사들에게 서면으로 된 결산보고서 제출을 요구했고, 필요한 경우

직접 대면조사도 병행했다. 예를 들면 얀손은 자신의 동료인 유란을 상하이에 파견하여 한인사회당 재정 담당 김철수를 대면조사하게 했다. 그 밖의 관련자들도 조사 범위에 넣었다. 자금 운용에 흑막이 있다고 의혹을 제기한 사람들을 불러들여 청문회를 열었다. 모스크바의 구 코민테른 문서보관소에는 당시 작성된 청문기록 가운데 5종이 남아 있다. 그중에는 한인사회당 책임비서이자 임시정부 국무총리를 지낸 이동휘를 비롯하여 외교 대표단의 일원이었던 박애의 진술도 포함되어 있다.

마침내 얀손 보고서가 3개월간의 조사를 거친 뒤 1922년 8월 18일 자로 작성되었다. 얀손의 지휘하에 실무위원회가 작성한 감사보고서였다.

이 문서에는 모스크바 자금 문제에 관한 코민테른의 입장과 견해가 담겨 있다. 그에 따르면 1920년 9월에 이뤄진 40만 루블의 금화 수령자는 '박진순'이었다. 자금은 코민테른 제2차 대회에 출석한 한인사회당 대표자이자 코민테른 중앙집행위원으로 선임된 박진순에게 제공됐던 것이다. 이는 모스크바 자금의 관할권이 한인사회당과 그 후계 조직인 고려공산당 상해파에게 있었음을 의미한다.

금화 40만 루블의 관리 책임자가 박진순이라는 정보는 또 다른 문서에도 담겨 있다. 러시아 외무인민위원부 공문서가 그것이다. 외무차관 카라한이 작성한 전보를 보면, 거기에는 1920년 9월 러시아 인민위원부가 박진순에게 금화 40만 루블을 인도했다는 기사가 적혀 있다.

이제 모스크바 자금 40만 루블의 관할권이 누구에게 있는지 명확해졌다. 논란 당사자들의 설왕설래에 의존하지 않고, 객관적인 성격을 갖고 있는 기록들을 통해 입증할 수 있다. 코민테른 측의 '얀손 보고서', 러시아 외무인민위원부의 공문서 등은 한 가지 사실을 지목하고 있다. 40만 루블의 관할권이 한인사회당과 그 후계 단체인 고려공산당에 속해 있었다는 점이다.[65]

모스크바 당국은 40만 루블의 금화를 박진순에게 주었고, 한형권은 박진순에게서 그것을 넘겨받아 운반해 김립에게 넘겨준 뒤 나머지 지원금 수령을 위해 모스크바로 되돌아갔던 것이다.

모스크바 지원금의 관할권은 한인사회당 또는 이를 승계한 고려공산당 상하이파에 있었다는 점에서 김구가 김립을 처형한 것은 분명 문제가 있다. 그럼에도 불구하고 김립은 처형당해 마땅한 파렴치한이었던가? 김립이 광동 여자를 첩으로 삼아 향락을 즐겼다는 소문이 나돈 건 사실이지만, 소문은 사실이 아니었다. 당시 고려공산당 상하이파와 극심한 주도권 싸움을 벌였던 고려공산당 이르쿠츠크파의 악선전이었을 뿐이다. 어쩌면 김립 암살은 당시 이동휘, 김립 등의 고려공산당 상하이파와 갈등을 빚었던 임시정부와 고려공산당 이르쿠츠크파의 이해가 맞아떨어진 결과였는

---

지도 모른다. 이동휘, 김립이 임시정부와 이르쿠츠크파 모두에게
공동의 적이었던 까닭에 빚어진 일일 수도 있다는 말이다.

　김립은 결코 파렴치한일 수 없는 인물이었다. 그는 제1차 세
계대전 직후 국제정세에 매우 밝았고, 당시 상황에서 어떤 길
이 한국 독립에 가장 유효한지를 깊이 고민했던 인물이다. 러
시아와 외교관계를 정립하기 위해 모스크바에 3인의 한인사회
당 대표를 파견한 것, 이동휘가 임시정부에 참여하도록 설득한
것도 모두 김립의 정세관과 노력 덕분이었다. 그가 상해임시정
부의 실무를 총괄한 국무원 비서장이었던 것도 결코 우연이 아
니다. 국무원 비서장은 외무차장, 내무차장, 법무차장, 재무차
장, 군무차장 등 각부 차장(차관)회의를 주재하는 위치이자 상
해임시정부의 실질적 업무인 인사와 재무를 통괄했던 직위다.
김립은 1880년 함경북도 명천 태생으로 본명은 김익용金翼容이
다. 당대 독립운동가들이 가명을 여럿 썼듯이 김립 또한 왕진
덕, 이세민, 양춘산 등의 가명을 썼다. 그가 '김립'이라는 이름
으로 활동한 것은 동향 출신인 항일 변호사 허헌과 일본 유학
시절 조선에 입헌군주국을 세워야겠다는 뜻을 이름자에 담기
위해서였던 것으로 알려진다. 김익용은 '입헌'의 '립立'을 따와
서 김립, 허헌은 '헌憲'을 따와서 허헌으로 이름을 지었다는 것
이다.

　김립은 이후 연해주에서 맹렬하게 항일 독립운동을 하다가 이
동휘 등과 함께 상하이로 가 임시정부에 합류했다. 그가 얼마나

유능하며 신념에 투철했는지는 한인사회당 당원으로서 이동휘와 의형제를 맺었던 역사학자 계봉우가 그를 "상하이 정계에서 김립을 능가할 인물은 없었다"고 평가했다는 사실로도 미루어 짐작할 수 있다.[66] 그만큼 투철한 신념의 소유자가 독립운동 자금을 개인적으로 유용했다는 것은 상식적으로 납득하기 어렵다.

결과적으로 김구는 임시정부 공금횡령 여부가 불확실한 데다가 사실 확인도 제대로 안 된 상태에서 소문을 근거로 임시정부 내 상관이자 독립운동 동지인 김립을 살해토록 지시한 것이다. 백 보 양보해서 김립이 공금을 임시정부에 귀속시키지 않고 공산주의 활동에 쓰도록 한인사회당 또는 고려공산당에 귀속시켰다 해도 백주에 총탄 세례를 퍼부어 처단해야만 했는지는 의문이다. 지금의 관점이 아니라 당시의 관점으로 보더라도 도무지 이해하기 어렵다.


## '나의 소원'을 읽으며


오늘날 독자들이 읽는 『백범일지』는 김구 자신이 쓴 것이 아니라 당대의 문필가 춘원 이광수가 윤문한 것이다. 그런데 『백범일지』 마지막에 실린 '나의 소원'은 윤문이라기보다는 이광수의 창

---

66  한겨레:온 (https://www.hanion.co.kr)

작이라고 보일 만큼 춘원의 손길이 물씬 느껴지는 글이다. 단순히 매끄러운 글솜씨만이 아니라 동원된 어휘나 바탕에 깔린 지식을 생각할 때 그렇다. 그렇기는 해도 이 글이 순수하게 김구의 뜻을 담았다고 보아 살펴보고자 한다.

> "네 소원이 무엇이냐?" 하고 하나님이 물으시면, 나는 서슴지 않고 "내 소원은 대한의 독립이오" 하고 대답할 것이다.
> "그다음 소원은 무엇이냐?" 하면 나는 또
> "우리나라의 독립이오" 할 것이요, 또
> "그다음 소원이 무엇이냐?" 하는 셋째 번 물음에도 나는 더욱 소리를 높여서
> "나의 소원은 우리나라의 완전한 자주독립이오" 하고 대답할 것이다.

이 대목은 '나의 소원' 첫 단원 '민족국가' 첫머리에 나온다. 중·고등학교 교과서에도 실려 한국인이라면 거의 다 접했을 이 대목은 김구 신화를 이루는 중요한 부분이다. 평생을 독립운동에 바친 독립운동가가 '나의 소원'이 오로지 조국의 독립이라는 건 너무나 당연해서 이 대목을 두고 따지고 말고 할 게 있을까 싶지만, 김구 신화의 강렬함을 느끼게 한다는 점에서 짚고 넘어갈 필요가 있다.

이 대목을 읽으면 사람들은 누구나 큰 울림을 받는다. 정말 감

동적이다. 이것이야말로 춘원의 글솜씨 덕분이다. '독립'을 반복
하는 점층법으로 김구의 독립을 향한 의지와 열망이 정점에 이
르게 함으로써 단순한 말의 반복이 아니라 하나의 장대한 서사
를 만들어내고 있다.

　하지만 이후 이어지는 글은 앞의 감동적 서사가 주는 울림을
무색하게 한다. 그건 아무리 뛰어난 문필가의 손을 빌리더라도
본인의 통찰과 지적 깊이가 부족하면 피할 수 없는 일이 아닌가
한다.


　　근래 우리 동포 중에는 우리나라를 어느 이웃 나라의 연방에 편
　　입하기를 소원하는 자가 있다 하니, 나는 그 말을 차마 믿으려
　　아니하거니와 만일 진실로 그러한 자가 있다 하면, 그는 제정신
　　을 잃은 미친놈이라고밖에 볼 수 없다.

　　　나는 공자, 석가, 예수의 도를 배웠고 그들을 성인으로 숭배
　　하거니와, 그들이 합하여서 세운 천당·극락이 있다 하더라도
　　그것이 우리 민족이 세운 나라가 아닐진대, 우리 민족을 그 나
　　라로 끌고 들어가지 않을 것이다. 왜 그런고 하면, 피와 역사를
　　같이하는 민족이란 완연히 있는 것이어서 내 몸이 남의 몸이 못
　　됨과 같이 이 민족이 저 민족이 될 수 없는 것은, 마치 형제도
　　한집에서 살기에 어려움이 있는 것과 같은 것이다. 둘 이상이
　　합하여서 하나가 되자면 하나는 높고 하나는 낮아서 하나는 위
　　에 있어서 명령하고 하나는 밑에 있어서 복종하는 것이 근본 문

제가 되는 것이다.[67]

　여기서 '이웃 나라의 연방에 편입되기를 소원하는 자'는 공산주의자들을 가리키는 것으로 보인다. 이 글을 쓴 때가 1947년이라는 점에서다. 아마 1947년 전반기였을 것이다. 당시는 소련군 치하에서 북한이 공산주의 체제로 굳어가고 있던 시기였으며, 북한이 소비에트연방의 일원이 되거나 위성국이 될 것으로 점치는 시각이 많았다. 물론 김구는 이미 상해임시정부 시절부터 코민테른의 지도를 받으며 궁극적으로 소비에트연방에 편입되기를 바라는 공산주의자들을 경험하고 그들을 혐오했다. 그가 공산주의자 이동휘와 척을 진 것도 그래서다. 김구는 이 글에서 "일부 소위 좌익의 무리는 혈통의 조국을 부인하고 소위 사상의 조국을 운운하며, 혈족의 동포를 무시하고 소위 사상의 동무와 프롤레타리아트의 국제적 계급을 주장하여, 민족주의라면 마치 이미 진리권 외에 떨어진 생각인 것같이 말하고 있다"라고 콕 집어서 말하기도 했다.

　그런데 이 대목은 김구가 이후 보인 행보, 곧 공산주의자들과 남북협상을 벌인 사실을 생각할 때 앞뒤가 맞지 않는다. 소비에트연방에 편입되기를 바라는 공산주의자들과 무슨 협상을 벌이며, 또 무슨 통일을 이룬단 말인가. 그는 이웃 나라의 연방에 편입되기를 소원하는 자를 미친놈이라고 볼 수밖에 없다고 했다.

---

67　도진순 주해, 『백범일지』, 돌베개, 424쪽.

　　　　김구, 만들어진 신화

그랬던 그가 남북협상에 목을 맨 건 모순이며, 행동에서나 정신에서 일관성을 유지하지 못했다고 볼 수밖에 없다.

물론 김일성 일파를 설득해 북한이 소비에트연방에 편입되는 것을 막고 통일 조국을 건설하고자 하는 일념에서 남북협상에 나섰다고 할 수 있을지 모르나, 그렇다면 앞에서 지적한 바와 같이 그는 정치인으로서는 실격이었던 위인이라고밖에 할 수 없다. 이미 공산화된 북한과 통일 조국을 건설한다는 것은 공산화를 전제하지 않고는 불가능한 일이기도 하거니와 실제로 그는 평양 남북연석회의에 가서 5·10 총선거를 반대한다는 공동성명에 서명한 것 말고는 통일 조국 건설을 위해 어떤 노력도 하지 않았다.

이어지는 대목에서 우려되는 건 독자들에게 잘못된 생각을 심어주지 않을까 하는 점이다. 공자와 석가, 예수가 합쳐 천국이나 극락을 세운다 해도 우리 민족이 세운 나라가 아니니 우리 민족을 그 나라로 끌고 들어가지 않겠다는 건 편협한 민족주의, 곧 종족적 민족주의를 심화시키지 않을까 우려된다.

더욱이 김구는 "둘 이상이 합하여 하나가 되자면 하나는 높고 하나는 낮아서 하나는 위에 있어서 명령하고 하나는 밑에서 복종하는 것이 근본 문제"라고 했다. 어떻게 이런 생각이 가능한지 모르겠다. 둘이 하나로 합하면 하나는 명령하는 높은 자리를 차지하고, 하나는 그 밑에서 그 명령에 복종할 수밖에 없다는 것인가. 이 논리대로라면 민족도 하나가 되기 어렵다. 누군가는 높은 자리에서 명령하고 누구는 그 밑에서 복종해야 한다면 어떻게 민족이 하나 될 수 있을까.

민족은 하나이고, 다른 민족과는 하나 될 수 없다는 생각이라면 논리적으로는 성립이 가능할지 모르겠다. 하지만 이런 사고는 위험하기까지 하다. 배타적이고도 적대적인 민족주의를 조장할 소지가 크다는 점에서다. 그런 점에서 김구의 사고는 매우 편협하다. 애써 이런 이야기를 하는 건 신화가 된 김구의 글이라는 점에서 맹목적으로 따르는 일이 있을까 경계해서다.

김구는 이어지는 대목에서 "철학도 변하고 정치·경제의 학설도 일시적이거니와 민족의 혈통은 영구적이다. … 오늘날 소위 좌우익이라는 것도 결국 영원한 혈통의 바다에서 일어나는 일시적인 풍파에 불과하다는 것을 잊어서는 아니된다"고 했다. 그는 이념의 실체에 무지했다. 이념은 민족의 동질적 요소보다 강하다. 이런 무지가 그의 평양행을 설명하는 하나의 요소가 될지도 모르겠다. 물론 앞에서 설명했듯 그의 평양행은 철저히 정치적이었다. 여기서 지적하려 하는 것은, 독립운동가인 그가 민족을 앞세우는 건 당연하지만 그럼에도 이념, 특히 공산주의 이념이 얼마나 무서운지 전혀 모르고 있었다는 점이다.

김구는 또한 진화라는 개념조차 몰랐던 것 같다. 그가 철학도 변하고 정치·경제의 학설도 일시적이라고 한 걸 보면 그렇다. 그리고 진화가 그가 그토록 강조하는 민족에게도 변화를 불러오고, 그리하여 더욱 풍요로움을 가져올 수도 있으리라고는 꿈에도 생각지 못했을 것이다.

김구는 두 번째 단원 '정치 이념'에서 "나의 정치 이념은 한마디로 표시하면 자유"라고 했다. 그가 자유를 알고 이해했을까? 단언컨대 그는 자유를 알지도 못했고, 더더욱 이해하지도 못했음이 분명하다. 자유를 이해했다면 당연히 개인을 강조했어야 한다. 그러나 그의 글 어디에도 개인과 개인의 자유에 대한 내용이 없다. 또 자유주의자라면 배타적 민족주의자가 될 수 없다. 그의 자유는 이민족으로부터 속박당하지 않는 집단의 자유일 뿐이다. 그건 진정한 의미에서의 자유라고 할 수 없다. 그런 점에서 그는 자유를 알지 못했다고 말하는 것이다.

그는 이어 "우리가 세우는 나라는 자유의 나라여야 한다"고 썼다. 그가 이렇게 쓴 건 계급독재나 전제군주 독재를 원치 않는다는 의미에서다. 물론 프롤레타리아 일당독재나 전제군주의 독재를 배척하는 것은 당연하다. 특히 그는 계급독재를 가장 경계했는데, 이 역시 지당하다.

그런데 이어지는 논의에 쓴웃음을 짓게 된다.

시방 공산당이 주장하는 소련식 민주주의란 것은 독재정치 중에도 가장 철저한 것이어서 독재정치의 모든 특징을 극단으로 발휘하고 있다. 헤겔에게서 받은 변증법, 포이에르바하의 유물론 이 두 가지와 아담 스미스의 노동가치론을 가미한 마르크스의 학설을 최후의 것으로 믿어, 공산당과 소련의 법률과 군대와 경찰이 힘을 한데 모아서 마르크스의 학설에 일점일획(一點一劃)

이라도 반대는 고사하고 비판만 하는 것도 엄금하여 이에 위반하는 자는 죽음의 숙청으로 대하니, 이는 옛날에 조선의 사문난적에 대한 것 이상이다. 만일 이러한 정치가 세계에 퍼진다면 전 인류의 사상은 마르크스주의 하나로 통일될 법도 하거니와, 설사 그렇게 통일이 된다 하더라도 그것이 불행히 잘못된 이론일진대, 그런 큰 인류의 불행은 없을 것이다. 그런데 마르크스 학설의 기초인 헤겔의 변증법 이론이란 것이 이미 여러 학자의 비판으로 말미암아 전면적 진리가 아닌 것이 알려지지 아니하였는가. 자연계의 변천이 변증법에 의하지 아니함은 뉴튼·아인슈타인 등 모든 과학자들의 학설을 보아서 분명하다.[68]

이는 춘원 이광수가 김구의 학식을 전혀 고려하지 않은 채 쓴 것이 아닌가 한다. 근대 교육을 받지 못한 김구가 마르크스까지는 몰라도 헤겔과 포이에르바하, 아담 스미스, 뉴튼과 아인슈타인까지 거론하며 논리를 편다는 건 사실 불가능하다. 그 당시 사람이 아니라 오늘날 대학 교육을 받은 사람들도 이 모든 철학자와 과학자를 동원하며 논의를 전개하기는 매우 어렵기 때문이다. 그런데 헤겔의 변증법 비판에 뉴튼과 아인슈타인을 끌어들였다는 점에서 이광수도 착오가 있었던 게 아닌가 싶다.

어쨌든 이광수가 가필했든 창작을 했든 상관없이 김구가 여기

---

서 하려는 말은 마르크스주의를 맹종하는 공산주의자들에 대한 비판인데, 이를 보면 김구는 확실히 반공 우익 신념을 갖고 있었던 게 분명하다. 그래서 그가 남북연석회의에 참석한 것이 더더욱 석연치 않은 것이다.

이어 김구는 "언론의 자유, 투표의 자유, 다수결에 복종, 이 세 가지가 곧 민주주의이다. 국론, 즉 국민 의사의 내용은 그때그때 국민의 언론전으로 결정되는 것이어서 어느 개인이나 당파의 특정한 철학적 이론에 좌우되는 것이 아님이 미국식 민주주의의 특색"이라며, "다시 말하면 언론·투표·다수결 복종이라는 절차만 밟으면 어떠한 철학에 기초한 법률도 정책도 만들 수 있으니"라고 했는데, 사족일지 모르나 이에 대해 한마디 하지 않을 수 없다. 다수결의 원칙 아래서라면 어떤 법률도 정책도 다 만들 수 있다고 한 김구의 말에는 중대한 허점이 있다. 민주주의에서 다수결의 원칙은 물론 중요하지만 다수결이라고 해서 모든 게 허용될 수는 없고, 그럴 경우 오히려 민주주의는 무너질 수 있다.

『자유론』으로 유명한 존 스튜어트 밀은 개인의 자유를 보호하기 위해 '다수의 전제로부터의 자유'를 주장했다. 프랑스 정치사상가 알렉시 드 토크빌은 『미국의 민주주의』에서 미국의 민주주의를 높이 평가하면서도 "민주주의 사회에서 가장 두려운 것은 왕의 폭정이 아니라 다수의 폭정"이라고 했다. 다수가 소수를 압제하면 안 된다는 것이다.

다수결이라 해서 법도 마음대로 만들 수 있는 것은 아니다. 우리가 '법法'이라고 할 때 그 법은 일반적 규칙이어야 한다. 이 일반적 규칙은 세세하게 미리 알 수 없는 상황에서도 작동할 수 있도록 제정되어야 한다. 경제학자이자 법철학자이며 자유주의 사상가인 프리드리히 하이에크는 그의 명저 『노예의 길』에서 "법의 지배는 입법의 범위에 대한 제한을 의미한다"고 했다. 그는 "법의 지배는 입법의 범위를 형식적 법으로 알려진 것과 같은 종류의 일반적 규칙들로 제한하며, 특정한 사람들을 직접 목표로 둔 입법이나 혹은 누구든 그와 같은 차별을 위한 목적으로 국가의 강제력을 사용할 수 있도록 허용하는 입법은 배제한다"고 했다. 심지어 "그래서 특별법(particular enactment)은 법의 지배에 손상을 입힌다"고까지 역설했다.

굳이 이 이야기를 하는 건 김구를 비판하기 위해서가 아니라 오늘날의 한국 사회를 비판하기 위해서다. 김구에게는 물론 해방 당시 한국인들에게 이런 수준의 논의를 기대할 수는 없는 노릇이고, 오늘날 한국인들에게 가장 절실하게 요청되는 인식이어서 굳이 이야기하는 것이다.


지금도 각종 도서나 방송 등에서 『백범일지』에 나오는 김구의 '문화국가론'이 인용되는 것을 종종 본다. '나의 소원' 3단원 '내가 원하는 우리나라'에 나오는 내용이다. 물론 이 단원도 춘원 이광수의 작품임이 명징하게 드러난다. 언뜻 보면 대단히 아름답고 새겨들을 만하다고 느껴질 법도 하다. 하지만 이 또한 허점이 한둘이 아니다.

나는 우리나라가 세계에서 가장 아름다운 나라가 되기를 원한다. 가장 부강한 나라가 되기를 원하는 것은 아니다. 내가 남의 침략에 가슴이 아팠으니, 내 나라가 남을 침략하는 것을 원치 아니한다. 우리의 부력(富力)은 우리의 생활을 풍족할 만하고, 우리의 강력(强力)은 남의 침략을 막을 만하면 족하다. 오직 한없이 가지고 싶은 것은 높은 문화의 힘이다. 문화의 힘은 우리 자신을 행복되게 하고, 나아가서 남에게 행복을 주겠기 때문이다. 지금 인류에게 부족한 것은 무력도 아니요, 경제력도 아니다. 자연과학의 힘은 아무리 많아도 좋으나, 인류 전체로 보면 현재의 자연과학만 가지고도 편안히 살아가기에 넉넉하다.

인류가 현재에 불행한 근본 이유는 인의(仁義)가 부족하고, 자비가 부족하고, 사랑이 부족한 때문이다. 이 마음만 발달이 되면 현재의 물질력으로 20억이 다 편안히 살아갈 수 있을 것이다. 인류의 이 정신을 배양하는 것은 오직 문화이다. 나는 우리나라가 남의 것을 모방하는 나라가 되지 않기를 원한다. 그래서 진정한 세계의 평화가 우리나라에서, 우리나라로 말미암아서 세계에 실현되기를 원한다.[69]

---

69  앞의 책 431쪽.

놀랍다. 해방 당시 한국은 세계 최빈국의 대열에 머물러 있었다. 그런데도 김구, 아니 이광수, 아니 김구는 나라 경제를 살리는 데는 별로 관심이 없어 보인다. 생활을 풍족하게 할 만하면 족하다고 쓰고 있다. 일반 국민이 풍족한 생활은커녕 굶주림도 벗어나기 어려운 상황에서 이처럼 한가로운 생각을 하다니, 딴 세상 사람처럼 보인다.

또 우리의 강력強力은 남의 침략을 막을 만하면 족하다고도 했다. 나라가 힘이 없어 식민지로 전락해서 나라 잃은 설움으로 독립운동을 한 사람이 한 말이라고는 믿기지 않는다. 남의 침략을 막을 만한 정도가 어느 정도란 말인가. 그가 말한 강력이란 곧 국력을 말함일 텐데 국력이란 상대적이다. 내가 강해도 상대가 더 강하면 나는 상대적으로 약해진다. 따라서 남의 침략을 막을 만하면 된다는 말을 어떻게 이해해야 하는가. 내가 힘을 키우지 않을 테니 너도 힘을 키우면 안 된다고 상대에게 권할 참이란 말인가.

그는 자연과학도 인류 전체로 보면 그 당시 정도로도 편안히 살아가기에 넉넉하다고 했다. 그건 그가 당시 선진국의 자연과학이 얼마나 발전했는지에 대해 무지한 탓이었을 것이다. 비록 앞에서 뉴튼과 아인슈타인을 거론하기는 했지만, 당시의 과학 수준이 어느 정도인지는 전혀 알지 못했음이 분명하다. 그건 김구뿐 아니라 이광수도 마찬가지다. 이광수가 20세기는 그만두고 19세기, 아니 18세기에 인류가 도달한 과학 발달 정도를 알았다면 이



김구, 만들어진 신화

런 이야기는 쓰지 못했을 것이다. 아마 그들이 접한 일상생활에서의 기술 발전 정도를 자연과학의 발달 수준으로 인식했을지도 모른다.

그런 점에서 보면 김구는 투쟁 조직, 이를테면 한인애국단을 이끄는 데는 적임자였을지 모르나 한 나라를 경영할 만한 자질은 갖추지 못한 인물이었다고 본다. 그가 임시정부를 이끌 수 있었던 것도 명망가들이 임시정부를 다 떠난 뒤 이봉창·윤봉길 의사의 거사 덕분에 중국 국민당 정부의 도움으로 연명하며 도피생활을 하는 게 전부였다고 해도 과언이 아닐 만큼 별로 하는 일이 없었기 때문일 것이다. 물론 이 대목에서 그는 문화의 힘을 강조하고 싶었던 것이겠지만, 그렇더라도 국가적 지도자의 인식이라기에는 너무나 안이하고 심지어 한심하기까지 하다. 문인 이광수의 인식이라면 모르겠지만 말이다.

어쩌면 문화의 힘을 강조한 내용에는 이광수의 창작에만 의지하지 않고 김구 자신의 의도를 담았는지도 모른다. 이때 의도란 그의 권력욕을 가리기 위한 게 아니었을까. 당시 주한 미국 대사무초가 지적한 대로 '권력욕의 화신'이었던 김구에게는 문화를 중시하는 지식인의 가면이 필요했던 게 아닐까.

신화의 이면

3
부

## 임시정부의 실제

오늘날에는 물론 해방 당시에도 김구는 임시정부와 동의어처럼 인식되었다. 김구가 곧 임시정부였고, 김구 자신도 그런 의식세계에 빠져 있는 것처럼 처신했다. 그가 그런 위치에 오를 수 있었던 이유로 두 가지를 생각해볼 수 있다. 하나는 상해임시정부를 구성하던 명망가들이 뿔뿔이 흩어져버렸다는 점이고, 다른 하나는 몇 안 되게 남은 인물 중 권력의지가 김구만큼 강한 사람이 없었다는 점이다.

이와 아울러 많은 사람이 착각하는 점이 있는데, 그건 임시정부가 흔히 생각하는 일반적 형태의 정부가 아니었다는 점이다. 주지하듯 1919년 3·1운동 직후 국내외에서 8개 정도의 임시정부가 수립되었다. 사실 엄밀히 말하자면 대부분 '수립'이라기보



김구, 만들어진 신화

다는 '선언' 수준이었고, 실체가 분명한 임시정부는 한성임시정부, 노령임시정부(연해주 대한국민의회), 상해임시정부 세 개였다.

가장 먼저 수립된 것은 노령임시정부다. 블라디보스토크에서 이왕 있었던 '전로한족중앙총회'가 '대한국민의회'로 개편한 것이다. 전로한족중앙총회가 결성된 것은 그 지역에 많은 한인들이 거주하고 있었고, 당시 러시아의 정세가 시시각각으로 변해 한인의 결속과 자위의 필요성이 커졌기 때문이다.

한인의 러시아령 이주는 이미 1860년대부터 시작되었다. 함경도·평안도 북부 지역에서 자연재해로 인한 기근과 과중한 세금으로 생활이 어려워진 사람들이 자발적으로 두만강을 건너 러시아 연해주로 이주하면서 이 지역 한인의 수가 불어나기 시작한 것이다. 러시아는 연해주 개척을 위한 노동력이 필요했기 때문에 한인 농민의 정착을 용인했고, 그 결과 블라디보스토크, 우수리스크, 수이푼 지역 등에 대규모 한인촌이 형성되었다. 이후 1905년 을사늑약과 1910년 경술국치를 계기로 항일 의병, 지식인, 민족운동가들이 일본의 탄압을 피해 연해주로 이동했다. 이 무렵 연해주의 한인 인구가 9만여 명에 달하면서 독립운동의 요충지가 형성될 수 있었다. 이와 같은 이주 한인의 증가를 바탕으로 1918년 6월 전로한족중앙총회가 결성되었고, 이것이 3·1운동을 계기로 대한국민의회로 개편되었다.

대한국민의회는 행정부도 조직했다. 대통령에 손병희孫秉熙, 부통령에 박영효朴泳孝, 국무총리에 이승만이 위촉되었고, 각부 총장에는 윤현진尹顯振(탁지부), 이동휘李東輝(군무부), 안창호安昌浩(내무부), 남형우南亨祐(산업부) 등이 선임되었다. 그러나 행정부 수반을 비롯한 주요 인사가 현지에 없었기 때문에 공포만 해놓은 상태였다.

중국 상하이에서는 3·1운동 이전에도 이미 독립운동가들이 활동을 하고 있었고, 많은 한인이 거주하고 있었다. 1917년 중반에는 500여 명 정도였으나 3·1운동과 임시정부 수립을 전후한 시기에는 한인의 수가 천여 명에 달했다. 최초의 독립운동 단체는 1912년 신규식申圭植이 중심이 되어 결성한 동제사同濟社다. 동제사는 '동주공제同舟共濟(한마음으로 같은 배를 타고 피안에 도달한다)'의 뜻을 담은 조직이다.

이사장에 신규식申圭植, 총재에 박은식朴殷植이 선출되었다. 그 밖에 김규식金奎植, 신채호申采浩, 홍명희洪命熹, 조소앙趙素昂, 문일평文一平, 박찬익朴贊翊, 조성환曹成煥, 신건식申健植, 김용호金容鎬, 신철申澈, 민제호閔濟鎬, 김갑金甲, 정환범鄭桓範, 김용준金容俊, 민충식閔忠植, 이찬영李贊永, 김영무金永武, 이광李光, 신석우申錫雨, 한진산韓震山, 김승金昇, 김덕金德, 변영만卞榮晚, 윤보선尹潽善, 민병호閔丙鎬 등이 간부로 참여했고, 회원은 300여 명에 달했다.[70]

1915년에는 신한혁명당이 조직되었다. 제1차 세계대전이 벌어져 국제 정세가 급변하자 이를 독립의 계기로 삼고자 이상설李相卨

---



     김구, 만들어진 신화

과 동제사의 신규식·박은식 등이 중심이 되어 만든 조직이다. 이들은 고종의 승낙을 받아 망명정부를 세우려 했으며, 제1차 세계대전이 독일의 승리로 끝날 것으로 예측하고 연합국의 일원으로서 중국과 함께 일본을 공격하면 독립의 길이 열릴 것이라 생각했다. 하지만 고종의 승낙을 받지 못하고, 독일의 승리로 중국이 일본을 공격하게 될 것이라는 예상도 빗나가면서 신한혁명당은 실패로 끝나고 말았다.

1918년에는 동제사의 소장층이었던 여운형呂運亨, 장덕수張德秀, 선우혁鮮于爀 등이 중심이 된 신한청년단이 결성되었다. 신한청년단은 김규식金奎植을 파리강화회의에 한국 대표로 파견해 독립을 호소했으나 별 소득을 얻지 못했다.

그러던 중 3·1운동이 일어나고 독립운동가들이 상하이로 집결하면서 임시정부 논의가 본격화되었다. 1919년 4월 11일, 상하이 프랑스 조계지에서 임시의정원이 구성되고 의장으로 이동녕李東寧이 선출되었다. 여기서 국호와 연호 및 관제를 결의하고 10개 조의 임시헌장과 헌장 선포문을 결의함으로써 임시정부가 수립되었다. 임시의정원 의원 수는 첫 회의 때는 29명이었으나 2차 회의에서는 69명으로 불어났다. 최초 헌법은 내각제로서 행정부 수반인 국무총리에는 이승만이 위촉되었다. 아울러 내무총장에 안창호, 외무총장에 김규식, 법무총장에 이시영李始榮, 재무총장에 최재형崔在亨, 군무총장에 이동휘, 교통총장에 문창범文昌範이 각각 선임되었다.

국내에서의 임시정부 수립 논의는 3월 초 이교헌李喬憲, 윤이병尹履炳, 윤용주尹龍周, 최전구崔銓九, 이용규李容珪, 김규金奎 등이 이규갑에게 수립 계획을 제안하면서 시작되었다. 이들의 권유로 각계 대표로 추대된 인물들이 4월 2일 인천 만국공원에 모여 임시정부 수립을 선포할 것을 결의했다. 여기에 참여한 사람들은 20여 명으로 천도교 대표 안상덕安商悳, 기독교 대표 박용희朴容羲·장붕張鵬·이규갑, 유교 대표 김규, 불교 대표 이종욱李鍾郁 등이었다.

4월 중순에는 안상덕, 현석칠 등이 발기해 서울에서 13도 대표들이 국민대회를 소집하기로 했다. 13도 대표들은 4월 23일 서울 서린동 봉춘관에 모여 '국민대회' 간판을 걸고 임시정부 포고문과 국민대회 취지서, 결의 사항 등을 발표했다. 아울러 이승만을 집정관 총재로, 이동휘를 국무총리로 추대하고 행정부 구성도 발표했다. 정부 각료로는 외무총장에 박용만朴容萬, 내무총장에 이동녕, 군무총장에 노백린盧伯麟, 재무총장에 이시영, 법무총장에 신규식, 학무총장에 김규식, 교통총장에 문창범, 노동국 총판에 안창호가 선임되었다. 한성임시정부는 파리평화회의 대표 및 약법, 임시정부령 제1호(적국인 일본에 납세를 거절하라는 내용), 제2호(적의 재판과 행정상 모든 명령을 거절하라는 내용) 등도 함께 발표했다.[71]

한성임시정부에는 의회 격인 의정원이 없었다. 이 점에서 완전한 정부 형태를 갖추지 못했다고 볼 수 있으나 국내인 서울에

---

71　김병기,『대한민국 임시정부사』, 이학사, 76쪽.

　　　　김구, 만들어진 신화

서 13도 대표들로 국민대회를 소집, 선포했다는 사실 때문에 통합 임시정부 수립 과정에서 정통성을 인정받았다.

여기서 알 수 있는 것은 3개 임시정부 조각에서 주요 인물이 겹친다는 점이다. 이는 당시 국내외를 막론하고 독립운동을 이끌 지도자로 주목받던 인물들이 이미 잘 알려져 있었음을 말해준다. 특히 이승만은 한성임시정부와 상해임시정부에서 모두 정부 수반으로 추대되었고, 노령임시정부의 경우에도 손병희와 박영효가 상징적 의미로서 정·부통령에 추대되었을 뿐 실질적 수반인 국무총리에는 이승만이 추대되었다. 이것이 통합 상해임시정부에서도 이승만이 수반인 국무총리로 추대된 배경이다.

어찌 되었든 우후죽순 격으로 임시정부가 난립해서는 곤란한 일이었고, 실체가 있는 정부라 해도 임시정부가 세 개나 되는 것은 독립운동에 있어 큰 장해라 하지 않을 수 없어 안창호 등이 중심이 되어 통합 임시정부 수립을 위해 노력했다. 그 결과 1919년 9월 탄생한 것이 통합 상해임시정부다.

통합 상해임시정부는 앞에서 언급했듯 내각제를 기반으로 했다. 정부 수반도 대통령이 아닌 국무총리다. 그런데 미국에 있던 이승만은 자신이 한성임시정부 집정관 총재에 추대되었다는 소식을 듣고 '대한공화국(또는 대한민주국)' 대통령 명의로 공식 외교문서를 세계 주요국 정상들에게 발송한 터였다. 미국, 영국, 프랑스, 이탈리아 등 열강의 국가원수들과 파리강화회의의 클레망스 의장에게 한반도에 '완벽한 자율적 정부'가 탄생했으며, 자신이 그

정부의 대통령에 선출되었으니 대한공화국 정부를 인정해줄 것을 요구한 것이다. 이승만은 일본 천황에게도 한반도에 대한공화국이 수립되었으니 일본은 이 정부를 승인하고 군대와 관리들을 모두 철수하라고 요구하는 국서를 보냈다. 그런데 '집정관 총재'를 영어로 표현하는 것이 마땅치 않은 데다 일반적인 국가수반이 대통령이라는 점에서 그는 '프레지던트(president)' 명의로 외교문서를 보냈다.

이에 가장 먼저 상하이에 와 있던 내무총장 안창호는 이승만에게 서신을 보내 대통령 직함을 사용하는 것은 잘못이니 호칭 사용을 중지할 것을 요청했다. 이에 이승만은 이미 각국의 원수들에게 그 직함으로 외교문서를 보냈기 때문에 바꿀 수 없으며, 우리끼리 안에서 다투면 독립운동에 악영향을 미칠 것이라고 답했다. 이에 따라 상해임시정부 의정원은 내각제에서 대통령제로 개헌할 수밖에 없었다.

그렇게 해서 통합 상해임시정부 수반은 대통령으로 바뀌었고, 이승만이 추대되었다. 그리고 국무총리에 이동휘, 내무총장에 이동녕, 외무총장에 박용만, 군무총장에 노백린, 재무총장에 이시영, 법무총장에 신규식, 학무총장에 김규식, 교통총장에 문창범, 노동국 총판에 안창호가 선임되었다.

정부 조각만 보면 통합 임시정부는 훌륭한 외양을 갖추었을 뿐 아니라 국내외 명망가들이 총망라되어 있었다. 그러나 임시정부는 출발부터 삐그덕거렸다. 안창호만이 노동국 총판에 취임했

을 뿐 대통령 이승만이 임지인 상하이로 오지 못한 가운데 이동
휘가 이승만의 위임통치 청원을 이유로 국무총리 취임을 거부한
데다 다른 각료들도 도착하지 못해 출범조차 하지 못했다.

이승만의 위임통치 청원의 전후 사정은 이렇다. 1918년 11월
11일 제1차 세계대전이 끝나자 샌프란시스코에 본부가 있던 대
한인국민회 중앙총회가 11월 25일 임시협의회를 열고 이승만,
정한경鄭翰景, 민찬호閔贊鎬를 파리강화회의에 참석할 한인 대표로
선출했다. 당시 하와이에서 한인기독학원을 운영하며 국제 정세
를 살피고 있던 이승만은 로스앤젤레스로 가서 대한인국민회 회
장 안창호를 만나고 필라델피아로 가서 서재필徐載弼, 정한경, 장
택상張澤相, 민규식閔奎植 등을 만나 한국 독립운동 전략을 논의했
다. 그런데 정작 파리에는 갈 수 없었다. 이승만이 미국 시민권자
가 아니어서 미국 정부에서 비자를 내주지 않았기 때문이다. 독
립운동을 하면서 다른 나라 국적을 가질 수는 없다는 소신을 갖
고 있었던 이승만은 이후에도 미국에 체류하면서 끝까지 미국
시민권을 취득하지 않았다.

파리강화회의에 갈 수 없게 된 이승만은 크게 실망했다. 그런
데 이때 정한경이 대한인국민회와 협의해 이승만에게 위임통치
청원을 제안했다. 독립을 전제로 위임통치 청원을 국제연맹에 제
출하자는 것이었다. 이승만은 이에 동의하고, 1919년 2월 25일
파리강화회의에 제출해달라는 청원문을 윌슨 미국 대통령에게
보냈다.

3·1 독립선언을 한 마당에 위임통치 청원은 앞뒤가 맞지 않지만, 이승만이 국제연맹 위임통치 청원문을 윌슨 대통령에게 보낸 건 3·1운동이 일어나기 전의 일이었다. 3·1운동 소식이 미국에 전해진 것은 열흘쯤 뒤였다. 이승만은 국내에서 거족적인 항일운동이 벌어졌다는 소식을 듣고 서재필과 함께 4월 14일 필라델피아에서 한인대표자대회를 개최했다. 서재필이 의장을 맡은 이 대회에는 각지에서 온 한인 대표 150여 명이 참가했다. 이승만은 '미국에 보내는 호소문' 등 결의안을 작성해 통과시키고, 3·1 독립선언문을 영문으로 번역해 낭독했다. 이는 이승만이 3·1운동을 독립운동의 전기로 삼으려 했음을 보여준다. 또한 3·1운동이 일어난 것을 알았다면 위임통치 청원문을 윌슨 대통령에게 보내는 일도 없었을 것임을 알 수 있다. 더욱이 그것은 대한인국민회의 제안에 따른 것이었다. 따라서 이 사안이 이승만의 임시정부 참여에 문제가 될 일은 아니었으나 신채호, 이동휘 등은 이승만을 비난하고 나섰다.

그렇다면 국제연맹의 위임통치 청원은 비난받을 일이었을까. 앞이 보이지 않던 당시 상황에서 그것은 어쩌면 가장 빠른 독립의 길이었는지 모른다. 일본과 전쟁을 벌여 승리할 수 있다면 모르지만, 그럴 가능성이 전혀 없는 상황에서 일정 기간 후 완전 독립을 이룰 수 있다면 국제연맹의 위임통치는 사실 가장 좋은 길이었다. 그리고 실제 역사도 그렇게 흘렀다. 해방 뒤 3년간 미군정 기간을 거쳐 정부를 수립한 것이 엄연한 역사 아닌가.

   김구, 만들어진 신화

하지만 이동휘 등은 국제정치에 무지했다. 이동휘는 무장투쟁론자였고, 레닌의 공산혁명이 성공한 러시아만을 중시했을 뿐 아니라 파벌의 주도권도 중시했다. 그런 이동휘를 설득한 사람이 안창호였다. 대한인국민회 회장으로 위임통치 청원을 결정한 당사자였던 까닭에 안창호는 이승만에 대한 비난이 합당하지 않음을 잘 알고 있었다. 안창호는 각지로 사람을 보내 정부의 각부 총장들을 상하이로 불러들였다. 그렇게 해서 1919년 11월 3일 국무총리 이동휘를 비롯해 내무총장 이동녕, 법무총장 신규식, 재무총장 이시영, 노동국 총판 안창호가 참석한 가운데 취임식이 거행되고 임시정부가 공식 출범하게 되었다.

그러나 대통령 이승만이 상하이에 도착한 건 이듬해인 1920년 말이었다. 미국 시민권자가 아니어서 비자를 발급받을 수 없었던 데다가 그에게는 현상금 30만 달러가 걸려 있어 중국으로 간다는 건 위험천만한 일이었다. 그나마 상하이 직항 노선이면 몰라도 다른 곳을 경유하는 노선은 더욱 위험했다. 이승만은 한성임시정부 수립 소식을 듣고 설치한 구미위원부 활동에 주력하며 상해임시정부의 일은 안창호에게 맡겨두었다. 그러자 임시정부 의정원의 일부 의원들은 1920년 3월 5일 대통령이 임지인 상하이에 부임하지 않으면 불신임 결의를 하겠다고 통보했다. 급기야 이승만은 상하이로의 밀항을 결심한다.

이승만은 호놀룰루로 가서 친구이자 미국 정부의 총세무장總稅務長인 윌리엄 보스윅(William Bothwick)의 도움을 받아 비서 임병직林

炳穉과 함께 일본을 거치지 않고 곧장 상하이로 가는 화물운반선에 숨어들었다. 미국에서 일하다가 죽은 중국인의 시신을 본국으로 운반하는 배였다. 두 사람은 배 밑바닥의 시신이 안치된 관 사이에 몸을 숨기고 있다가 배가 미국 영해 밖으로 완전히 벗어난 뒤에야 갑판 위로 올라갔다. 다행히 선장의 호의로 시신과 함께 숨어 지내지 않아도 되었고, 상하이에서 하선할 때도 검사 없이 부두에 올라갈 수 있었다. 1920년 12월 5일의 일이었다.

이승만은 중국인으로 변복한 채 동태를 살피다가 12월 13일에야 임시정부 청사를 찾았고, 12월 28일 상하이 교민단의 환영회에 참석했다. 본격적인 집무는 1921년부터 시작되었지만, 시작부터 난항을 겪었다. 1921년 1월 세 차례의 임시정부 국무원 회의가 열렸는데, 회의 시작부터 국무총리 이동휘가 위임통치 청원을 비난하며 해명을 요구하고 나선 것이다. 이승만은 이미 지난 일이라며 일축했으나, 문제는 그것으로 끝나지 않았다.

이동휘는 러시아혁명에 영향을 받은 공산주의자였고, 이승만은 미국에서 교육받고 미국의 정치제도를 이상적으로 생각하는 자유민주주의자였다. 독립운동 노선도 무장투쟁론과 외교독립론으로 갈렸다. 대통령과 국무총리의 이념과 노선의 차이는 임시정부를 갈등 속으로 몰아넣었다. 1921년 1월 24일 이동휘가 국무총리직을 사임하면서 다른 국무원의 사퇴를 유도해 임시정부는 파국을 향해 치달았다. 안창호는 사태 수습을 고민하다가 결국 이승만에게 사임을 권고하기에 이르렀다. 연해주에 근거지를



김구, 만들어진 신화

둔 대한국민회의 대표로 통합 임시정부에 참여한 이동휘가 사임할 경우 연해주라는 독립운동 기반을 잃을 것을 우려했기 때문이다.

이승만도 처음에는 안창호의 뜻대로 사임을 고려했다. 본격적인 임시정부 활동을 하기도 전에 이미 지난 일에 불과한 위임통치 청원 문제를 놓고 갈등을 조장하고 파벌 싸움을 벌이는 상황에 맞닥뜨리자 임시정부 활동에 회의감이 들었던 것이다. 그런데 이때 이동녕, 장붕, 조완구, 윤기섭尹琦燮 등 45명이 임시정부를 절대 지지한다는 성명을 내고 협성회를 조직해 임시정부와 대통령 이승만을 옹호하고 나섰다. 이에 이승만은 임시정부 조직을 재정비하기로 마음을 바꿨다. 그리하여 1921년 5월 법무총장 신규식에게 국무총리를 겸임토록 하고 교통총장에 손정도孫貞道, 내무총장에 조완구趙琬九, 외무총장에 이희경李喜儆, 국무원 비서에 신익희申翼熙를 임명했다. 그리고 이튿날 임시의정원에 "외교상 긴급과 재정상 절박의 이유로 부득이 미국으로 돌아간다"는 대통령 교서를 제출하고 상하이를 떠났다. 상하이에 도착한 지 6개월 만의 일이었다. 이승만은 그해 11월 12일부터 열리는 워싱턴 군축회의에 한국 독립 문제를 상정할 것을 염두에 두고 있었다.

이승만이 떠난 뒤, 임시정부 출범 전부터 이승만을 비난하던 세력은 임시정부 전체를 대상으로 더 거세게 공세를 폈다. 1921년 2월 상하이와 베이징에서 활동하던 박은식, 원세훈元世勳 등은 '우리 동포에게 고함'이라는 성명을 발표하고 임시정부를 비판하면서 '통일되고 강고한 정부 조직'과 '독립운동의 최량 방침 수립'을 위한 국민대표회의 소집을 요구하고 나섰다. 4월 27일에는 무장투쟁론자로 하와이에서 이승만과 갈등을 빚었던 박용만이 중심이 되어 베이징에서 '군사통일회의'를 개최했다. 이들은 임시정부를 성토하는 동시에 위임통치 청원에 대해 안창호에게도 책임을 묻는 등 문제를 제기하고 임시정부와 임시의정원을 부정하는 불신임안을 결의하며 국민대표회의를 요구했다. 이에 결국 안창호도 노동국 총판 직을 사임하며 임시정부를 떠날 수밖에 없는 상황이 되었다. 안창호는 사임하면서 그 난국을 타개하기 위해 국민대표회의 소집을 요구했다. 결국 임시정부는 허공에 뜬 상태가 되었다.

## 껍데기만 남은 임시정부

이승만이 상하이를 떠나 미국으로 돌아가고 임시정부 산파 역할을 했던 안창호도 사임하며 국민대표회의를 요구하는 세력의 대열에 합류하면서 임시정부는 사실상 개점휴업 상태가 되었다. 명망가들도 몇 명 남지 않았다. 아니, 명망가들은 대부분 국민대표회의 논쟁에 참여하고 있었다.

1923년 1월 3일 상하이에서 개막된 국민대표회의는 임시정부를 새로 조직하자는 창조파와 임시정부를 유지하되 보완하자는 개조파로 나뉘어 논쟁했다. 양측이 팽팽히 맞서며 63일이나 논쟁이 계속되었으나 결론은 도출되지 않았다. 결국 국민대표회의는 결렬로 막을 내렸다. 그럼에도 오늘날 국민대표회의에 대해애서 의미를 부여하고 있는데, 다음이 그 예다.

회의가 63일이나 속개, 토의된 뒤 결렬되었으나 성과가 전혀 없었던 것은 아니다. 회의 기간 동안 대표 자격 문제를 심사하고 제반 규정을 토의, 통과시켰으며, 각 분과 회의를 개최하여 생계·재정·군사 문제 등을 광범위하게 토론하여 뒷날 의무교육을 제도적으로 보장하게 한 것은 큰 수확이라고 하겠다.

민족 대표들은 1923년 2월 21일 선서문과 선언문을 발표하였는데, 전자에서는 대동 일치를 주장하고 희생정신으로 공결(公決)에 절대 복종할 것을 서약하고, 후자에서는 국민의 완전한 통일을 견고히 하자는 내용이었다.

이는 곧 철저한 독립 정신의 결정이며 전 민족 공존공영의 일대 기회였음을 나타냈던 것이고, 많은 문제 해결의 단서를 국민대표회의에서 찾으려 노력한 것이었다. 1921년 5월 발표된 국민대표회의주비회 선언문이 통일적·조직적 진행에 목표를 두었다면, 앞의 2·21 선언문은 독립운동을 향한 과감한 대동 단합과 통일적 기관 계획 하에 대업(大業)을 이루기를 최대의 목적으로 하여 방향감각을 설정하였음을 엿볼 수 있다.

비록 창조파와 개조파 간의 주장은 달랐으나 국민대표회의 대표들의 공통된 의견은 각계의 의사를 합하고 자기를 희생하며 공산주의자라도 광복할 때까지는 독립운동에만 전념하자는 것이었다.

그들은 독립운동은 자력적 조류에 따를 것을 지적하고 단합과 신뢰를 큰 목표로 삼고 있었다. 또, 민주공화국의 국시를 확정하여 국민의 의사를 수정 없이 집중하고자 하였으며, 일대 독립당을 조직할 것도 주장하였다.

1923년 1월 3일부터 5월 15일까지의 4개월 반은 창조파와 개조파의 회의 기간이며, 6월 7일까지 20일간 더 연장한 것은 순창조파(純創造派)의 회기였다. 창조파와 개조파 외에 통일적 대단합을 주장한 중도파가 있었으나, 그 수가 극히 적었고 강세를 유지하지 못하였기 때문에 국민대표회의가 결렬되는 한 원인으로 작용하였다. 또한 대한민국임시정부가 대내외적 안정세를 구축하지 못한 취약성을 드러낸 것으로 추정할 수 있다.

그런데 국민대표회의는 3·1 독립선언의 부흥으로 시발된 것을 엿볼 수 있는 많은 기록이 남아 있어 최대의 조직적 발언과 국민 의사 총합의 대광장이었음을 알 수 있다.[72]


이를 보면 국민대표회의에 대한 의미 부여가 의미 부여 그 자체를 위한 것임을 알 수 있다. 이를테면 '대동 일치를 주장하고

---

72    한국학중앙연구원, 네이버 지식백과 한국민족문화대백과.

    김구, 만들어진 신화

희생정신으로 공결公決에 절대 복종할 것을 서약'한 선서문과 '국민의 완전한 통일을 견고히 하자'는 내용의 선언문을 발표했다고 했는데, 그 결과가 대동단결이 아니라 결렬이었다는 점에서 그러한 선서와 선언이 무슨 의미가 있는지 의문이다. 그런데도 애써 "철저한 독립 정신의 결정이며 전 민족 공존공영의 일대 기회였음을 나타냈던 것이고, 많은 문제 해결의 단서를 국민대표회의에서 찾으려 노력"한 것이라고 평가하니 이걸 뭐라 해야 할지 난감하다. 굳이 말하자면, 의미 부여는 일종의 정신 승리에 불과하다.

더욱 어처구니없는 것은 "비록 창조파와 개조파 간의 주장은 달랐으나 국민대표회의 대표들의 공통된 의견은 각계의 의사를 합하고 자기를 희생하며 공산주의자라도 광복할 때까지는 독립운동에만 전념하자는 것이었다"고 한 대목이다. 주장이 달라도 광복할 때까지 독립운동에만 전념하자고 했다면 왜 대회가 결렬로 끝났는가. 정작 독립운동을 위한 민족 대표라는 사람들은 각자 자기 정파의 주장만을 고집하다가 오히려 대동단결을 해치고 분열만 조장하지 않았는가. 그러는 바람에 어렵게 이룬 임시정부만 약화되었을 뿐이다.

이쯤 되면 그들이 국민대표회의를 소집한 까닭이 무엇인지 알 수 없다. 국민대표회의에서 서로 다투는 장면을 연상하면 조선의 피비린내 나는 당파 싸움이 절로 떠오른다. 그래도 개조파의 경우는 어느 정도 일리가 있다. 임시정부를 완전히 없애고 다시 만들자는 게 아니라 기왕에 이룬 소중한 성취, 곧 임시정부를 지키면서 새로운 길을 모색하고자 했으니 말이다. 하지만 창조파의 주장은 납득할 수 없다. 3·1운동 정신을 받들어 성립시킨 것이 임시정부인데, 단지 대통령 이승만과 함께할 수 없다고 시비하며 참여를 거부한 것도 그렇거니와 이승만이 대한인국민회의 제안에 응해 윌슨에게 위임통치 청원문을 파리강화회의에 제출해달라고 보낸 것은 시비 걸 일도 아니다. 그런 점에서 임시정부를 무너뜨리고 자기들이 중심이 되어 새로 만들겠다고 나선 건 도무지 이해하기 어렵다.

아무튼 국민대표회의 사태로 독립운동가들이 뿔뿔이 흩어지면서 상해임시정부는 사실상 껍데기만 남게 되었다. 김구가 임시정부의 중심이 될 수 있었던 배경이다. 국민대표회의 당시 김구는 내무총장이었다. 그는 1923년 6월 6일 내무부령으로 국민대표회의 해산을 명하여 사태를 종결하고 임시정부를 거부하는 세력에게 상하이 추방령을 내렸다. 그리고 박은식 내각이 들어서기까지 노동국 총판, 국무총리 대리 등을 맡았으나 임시정부를 추스르기에는 그의 명성이나 입지가 뒷받침되지 못했다.

임시정부 정상화 임무는 원로인 박은식에게 맡겨졌다. 임시의정원은 이를 위해 1924년 6월 '이승만 대통령 유고안'을 통과시키고 박은식을 임시정부 국무총리 겸 대통령 대리로 추대했다. 임시의정원은 다시 1925년 3월 21일 '임시 대통령 이승만 탄핵안'을 통과시킨 뒤, 3월 23일 박은식을 2대 임시 대통령으로 선출했다.

박은식은 사태 수습을 위해 대통령에 취임한 직후인 3월 30일, 정부 수반을 대통령에서 국무령國務領으로 바꾸는 내각제 개헌안을 임시의정원에 제출했다. 그리고 서로군정서西路軍政署 총재였던 이상룡을 추천한 뒤, 그가 국무령에 선출되자 대통령직을 사임했다. 박은식은 이때 이미 인후염과 기관지염으로 병색이 완연했으며, 결국 오래지 않아 세상을 떠났다. 그리고 1년 뒤 국무령 이상룡이 사임하고 떠나자 비로소 김구가 임시정부의 중심인물로 부상했다. 하지만 그렇다고 해도 임시정부는 이름뿐인 정부, 간판만 남은 정부에 지나지 않았다.

임시정부가 이렇게 된 데는 명분에 집착한 나머지 대동단결을 해친 세력의 책임이 크다. 그들이 명분론에 매몰되지만 않았어도 임시정부가 빈껍데기 신세로 전락하지는 않았을 것이다. 독립운동 노선 차이는 있을 수 있다. 그러나 그들은 노선 차이로 분열한 것이 아니다. 노선 차이는 극복할 수 있고, 극복해야만 했다. 하지만 그들은 오직 이승만을 문제 삼았다. 어쩌면 위임통치 청원 문제를 트집 잡아 이승만에 대한 문제를 제기한 것은 다른 목적, 곧 헤게모니를 잡기 위한 것이었는지도 모른다. 그 추잡한 헤게모니 싸움으로 독립운동의 분열을 마다하지 않았다면 이보다 참담한 일도 없을 것이다. 반면 김구가 임시정부 간판을 끝까지 지킨 점은 높이 살 만하다.

김구는 1926년 12월부터 1927년 8월까지 국무령 지위에 있었다. 하지만 그는 여전히 별로 유명한 인물은 아니었다. 그가 단기

간에 임시정부 요인이 되고 명망가가 된 것은 이봉창과 윤봉길
두 의사의 거사 덕분이었다.


## 장준하의 눈에 비친 임시정부


장준하는 독립운동가 출신 언론인으로 잡지『사상계』를 창간
해 1950~1960년대 한국 지식인 사회를 일깨운 지성의 상징으로
부각된 인물이다. 그의 지적 자극과 영향은 1970년대 말까지 지
식인들과 학생들에게 직접적인 영향을 미쳤다. 그러나 장준하가
오늘날까지 감명을 주는 것은 그가 일제시대 말 학도병으로 일
본군에 징집돼 중국 지역에 배치되었을 때 부대를 탈출해 쉬저
우에서 충칭까지 6천 리 길을 걸어서 임시정부를 찾아가 광복군
에 합류했다는 사실 때문이다. 그 6천 리 장정을 기록한 책이 그
가 남긴 저서『돌베개』다.

장준하는 1918년 평안북도 의주에서 장로교 목사의 아들로 태
어났으며, 일본 토요대학〔東洋大學〕예과를 거쳐 니혼신학교〔日本神
學校〕를 다니다 1944년 학도병으로 중국에 파병되었으나 6개월
만에 탈영했다. 그는 학도병을 지원할 때부터 이미 일본군에서
탈출해 충칭 임시정부를 찾아가기로 결심했고, 6개월은 탈출을
모색하고 준비한 기간이었다.

『돌베개』를 읽다 보면 임시정부를 향한 장준하의 열성과 의지,

　　　　　　　　　　　김구, 만들어진 신화

그리고 절실함을 곳곳에서 느낄 수 있다. 그만큼 임시정부에 거는 기대가 컸고, 임시정부를 딛고 서서 일제에 항거하고자 하는 마음이 절실했다는 이야기다. 그가 목숨을 걸고 6천 리 대장정을 마다하지 않았던 것도 그런 열정과 갈망 때문이었다. 하지만 장준하가 처음 마주한 임시정부의 모습은 그가 꿈꾸고 기대한 것과는 딴판이었다.

그러나 날이 갈수록 당초의 그 감격과 기쁨과 희망이 스러져가는 것을 나는 곧 의식할 수 있었다. 애초부터 기대를 가질 수 없었지만, 이곳에서 실시하는 교육이란 것이 시간의 낭비라는 것으로 해석되었다.
하루의 일과라는 것이 중국 국기의 게양식과 하기식 거행에 참가하는 것 외에 하루 한두 시간 정도씩의 도수교련 — 중국인 장교 한 사람과 우리나라 장교인 진경성 교관이 지도했다 — 과 김학규 주임의 한국 독립운동사 강의를 청강함이 고작이고, 이평산 씨의 세계 혁명사라는 너무도 상식적인 강의가 2~3일에 한 번씩이며, 그 밖에는 별로 할 일도 없어 온종일 편히 노는 것이 일이었다. 그나마 도수교련은 늘 답보 상태의 반복이었고 강의도 극히 상식적이고 초보적이었다.
그런가 하면 막사 옆에 있는 중국 군인들은 사격 연습도 하고 박격포도 쏘고 집총을 하고 제법 군인 같은 훈련을 하는데, 우리에게는 목총 한 자루 없는 형편이어서 더욱 맥이 풀릴 수밖에 없었다. 노는 것도 하루이틀의 일이요, 또 때와 경우를 따라야지, 탈출의 군은 각오와 자존심이 더 이상 용납할 수 없을 정도로 해이하고 안일한 생활의 반복이 계속되었다.[73]

이 대목은 장준하가 대장정 후반 린촨에 도착해 그곳의 중국 중앙군관학교 임천분교 내에 부설돼 있던 한국광복군훈련반의 생활을 기술한 것이다. 이 훈련반은 김학규金學奎가 주임으로 이끌고 있었고, 이평산李平山·진경성陣敬誠 두 사람이 교관으로 김학규를 돕고 있었다.

한국광복군훈련반 설치는 일본군에 징병돼 중국 지역으로 파견되어 오는 한국 청년의 수가 늘어나면서 이루어졌다. 정보를 입수한 임시정부와 광복군은 한국 청년들을 광복군으로 편입시키기 위한 공작을 김학규에게 맡겼다. 장준하가 이곳에 도착하기 1년 전부터 이미 공작이 진행돼 제법 많은 한국 청년이 모집되자 임시정부와 광복군 사령부는 이곳 임천분교에 한국광복군훈련반을 설치해줄 것을 장제스 정부에 요청했다. 그 요청이 받아들여져 60여 명이 이곳에서 훈련을 받게 된 것이다.

그러나 장준하가 기술했듯 훈련병들은 총 한 번 쏴보지 못하는 등 훈련다운 훈련을 받지 못했다. 총은커녕 목총 한 자루 없는 형편이니 그저 막사 바로 옆에서 행해지는 중국 군인들의 사

---

73  장준하, 『돌베개:장준하의 항일대장정』, 돌베개, 129쪽.



김구, 만들어진 신화

격 연습을 부러운 눈으로 바라볼 뿐이었다. 그러니 목숨 걸고 일본군 부대를 탈출해 그곳에 오기까지 수없이 사선을 넘었을 장준하를 비롯한 한국인 학도병들의 실망이 어떠했을지는 짐작하고도 남는다. 그래도 그들은 충칭 임시정부를 찾아갈 때까지 기다리며 버텨내야만 했다. 그렇게 3개월이 지나 졸업하게 되었고, 훈련다운 훈련 한번 받지 못한 채 중국군 준위 계급을 받았다.

문제는 그다음이었다. 장준하는 대장정 과정에서 만난 김준엽金俊燁과 함께 곧 임시정부가 있는 충칭으로 갈 수 있다는 기대와 설렘으로 가득 차 있었다. 그런데 김학규가 린촨에 남아 같이 일을 하자고 제안해 왔다. 3개월 동안 한 일이라고는 허송세월밖에 없는데 다음에 찾아올 한국 청년들을 위해 같이 일하자고 하니 장준하 등으로서는 선뜻 받아들이기 어려웠다. 그들은 항일투쟁을 제대로 해보고 싶었고, 충칭에 가면 그 뜻을 펼칠 기회가 있으리라 믿었다.

하지만 김학규는 그들을 말렸다. 김학규는 "가보나 마나다. 내가 있어 봐서 안다. 곧 환멸을 느낄 것이다"라고 말했다. 하지만 장준하는 아무리 진부하고 멸렬한 암투와 파쟁이라도 그들 쉰 명(60여 명 중 50명만 충칭에 가기로 했다)의 젊음으로 활활 태워버릴 것이라고 믿었다. 그는 암투와 파쟁은 있을 수도 없고, 있어서도 안 된다는 정의감과 의협심에 불타고 있었다. 그러나 이는 젊음에서 온 오류였음을 장준하는 나중에 실토한다. 그가 충칭에서 겪은 일은 후술하기로 한다.

　김학규의 제안을 뿌리친 장준하 일행은 결국 충칭으로 향한
다. 그들은 온갖 고생을 하며 긴 여행 끝에 라오허커우에 도착했
다. 일행은 그곳에 광복군 전방 파견대가 있다는 소문을 들었고,
마침내 광복군을 만났다. 다음은 장준하 일행이 광복군을 만난
대목이다.

　　우리를 맞이해 준 광복군은 예상대로 더할 수 없는 친절과 접대
　를 해주었으나 그 규모는 세 명뿐이었다. 그들은 총사령부의 전
　방 파견대가 아니고 제1지대 분견대였다.
　　제1지대 분견대의 구성은 파견된 대장과 두 명의 대원뿐이었
　다. 그러나 이들은 우리 50여 명을 위해 앞으로 충칭까지 모든
　편의를 주선해 주겠다고 먼저 제안하면서 우리를 환대하고 호감
　을 샀다.
　　이야기의 순서가 좀 바뀌지만, 이들은 그때 충칭의 임시정부
　군무부장으로 있던 약산 김원봉의 세력 아래 있던 자들이었다.
　김원봉은 그때 이미 공산당 노선을 취하고 있었으며, 지금은 이
　북에 있다.
　　김약산이 군무부장 겸 제1지대장으로 있으면서 우리의 도착
　을 미리 알고 이들을 파견하여 자기 산하에 조종해서 우리 50여
　명의 청년 동지들을 자기 세력 확장을 위해 흡수하고 라오허커
　우에 그냥 머물러 있도록 하려는 공작의 서곡이었다.
　　그러나 그것을 미처 몰랐던 우리는 그들의 말을 액면대로 믿

　　　　　　　　　　　　　　김구, 만들어진 신화

고 비행기편이나 선편을 주선해 주겠다는 약속에 고마워 어쩔 줄을 모르고 과연 골육지정을 느낀다고 생각했다.

대장이라는 사람은 우리의 탈출은 곧 혁명정신의 실천이며, 그것은 높이 치하되어야 할 정신이라고 우리를 고무해 주었다.[74]

이처럼 충칭에 이르기 전 장준하 일행은 김원봉이 자기 세력 확대를 위해 파견한 자들을 만난다. 이미 파벌 싸움의 서막을 접한 것이다. 그때 장준하가 느꼈을 실망감이나 좌절감을 짐작조차 할 수 있을까. 일본군에서 탈출하다 잡히면 공개 처형될 게 뻔한데도 장준하 등은 탈출을 감행했다. 부대를 벗어난다 해서 탈출에 성공하는 것도 아니었다. 일본군이 주둔한 곳을 중심으로 상당한 범위의 지역이 일본군의 영향 아래 있었고, 그 지역 중국인 농민들이 일본군에 의해 탈주병 수색에 동원되는 상황이었다. 이를 무릅쓰고 탈주해 수천 리 길을 걸어 임시정부를 찾아갔는데 파벌 싸움부터 목격한다는 건, 항일투쟁에 몸 바칠 각오를 한 청년들에게 견디기 힘든 일이었을 것이다.

김원봉은 어떤 인물인가. 그는 무장투쟁론자로 1919년 12월 중국에서 의열단을 조직해 항일 테러 투쟁을 벌이다가 한계를 느끼고 1926년 황푸군관학교에 입교해 군사 교육을 받은 뒤 국민당의 협조를 받아 활동했다. 1938년에는 국민당 정부의 동

---

74    앞의 책 205쪽.

의를 얻어 조선의용대를 조직했으나 다수 대원이 이탈해서 공산주의자 김두봉의 독립동맹으로 가버리자 영향력을 잃었다가 1944년 임시정부 군무부장에 취임하는 동시에 광복군 제1지대장을 맡은 인물이다.

일제시대 김원봉의 이념 성향은 분명치 않다. 장준하는 그를 공산주의자로 보았으나 당시 다른 공산주의자들과는 달리 장제스 국민당 정부의 지원을 받았다는 사실을 감안하면 골수 공산주의자는 아니었을 것으로 보인다. 어쩌면 김원봉은 기회주의자였는지도 모른다. 자신의 입지를 위해서라면 공산주의 세력이든 자유민주주의 세력이든 누구와도 협력할 수 있는 사람이었다는 점에서다. 그가 중국에 있을 때는 마오쩌둥의 공산당보다 장제스의 국민당 정부가 더 강했기 때문에 국민당과 협력했을 것이다.

만일 그 당시 공산당의 힘이 더 강했다면 김원봉은 국민당이 아니라 공산당과 협력했을 것이다. 김원봉이 해방을 맞아 환국한 뒤 공산주의 진영에 합류하고, 급기야는 남북연석회의 당시 월북했다가 북에 남아 북한 정권에 참여한 것도 그의 기회주의적 성향을 반영한 처사로 보인다.

아무튼 임시정부 군무부장이라면 마땅히 광복군의 체계적 육성에 힘써야 하는데 김원봉은 이처럼 충칭을 찾아오는 한국 청년들이 미처 충칭에 도착하기도 전에 자기 세력 확대를 위해 편입 공작을 펴고 있었다. 이어지는 장준하의 이야기를 들어보자.



김구, 만들어진 신화

우리는 공습으로 떠들썩했던 나날을 잊어버리고 몸과 마음을 푹 늘어지게 쉰 다음 막연하게나마 광복군 제1지대에서 어떤 희소식이 오기를 기다리고 있었다.

그러나 10여 일의 무료한 시간이 또다시 우리를 괴롭혔다. 반면에 우리의 기대와는 달리 대장이라는 사람은 우리에게 전연 다른 설득을 하기 시작했다.

설득의 내용은 이곳 라오허커우에 계속 머물러서 제1지대를 보강시키자는 것이었다. 결국 우리의 충칭행을 막으려는 수작이었다. (중략) 우리에게 애호와 지나친 친절을 베풀고, 헛된 약속으로 비행기까지 알선해 주겠다는 허풍은 전부 그들의 수단이라는 것이 드러났다. (중략) 김약산의 부하로 파견된 분견대장의 설득 공작이 실패한 것을 알아채니 그들은 곧 우리에게 이간 공작을 시작했다. 우리가 이들에게 어떤 도움을 받기는커녕 이간 공작의 대상이 된다는 것은 서글프기 한이 없는 일이었다. 동지들 사이에 알력과 소동과 오해를 심기 위해 분열을 획책했고, 이 분열은 우리 50명의 단호한 결의를 와해시키자는 수작이었다.[75]


김원봉 일파만 그랬던 것은 아니다. 임시정부를 구성하고 있던 정당들과 그 외곽 세력이 모두 자기 세력의 확대를 위해 분파적으로 행동했다. 파벌 싸움이라는 게 어느 일파만으로 이루어지

---

75  앞의 책 208~209쪽.

는 게 아니니 그것은 당연한 일이다. 그렇더라도 모든 정파가 세력 확대를 위해 다투었다는 사실, 그것도 독립운동을 하겠다고 모인 처지에서, 심지어 뚜렷한 이념 차이가 있어서도 아니고 헤게모니를 잡기 위해 그랬다는 것은 분명 서글픈 일이다.

다음은 장준하 일행이 충칭에 도착한 뒤 벌어진 일이다.

우리 임시정부를 구성하고 있는 각 정당, 단체에서도 서로 경쟁적으로 환영회를 베풀어 주겠다는 통고를 해왔다. 처음엔 이런 경쟁적인 통고가 고마웠으나, 곧 우리는 이것이 임정의 구성이요, 그 성격임을 알 수 있게 되었다. (중략) 셋집을 얻어 정부 청사를 쓰고 있는 형편에 그 파는 의자보다도 많았다. 우리가 충칭에 닿은 이래 임정 각원들에게 돌아가며 교양이란 이름의 이야기를 듣게 되었는데, 처음에는 수륙 몇만 리 이국에서 조국 광복을 위해 이렇게 지내고 있구나 하는 존경도 품어 봤으나, 차츰 지나가자 그것이 다 자당의 선전이며 타당에 대한 비방이라는 것임을 깨닫게 되었다. (중략) 하여간 그들의 소위 환영 작전은 우리에게 완전히 패배하였다. 그러나 그들의 환영회 작전은 실패했어도 결코 우리에 대한 자당의 포섭 공작은 중지되지 아니했다. 다만 집단 포섭이 불가능한 대상이라는 것만을 알아차린 눈치였다. 그래서 이번에는 수단과 방법을 달리해서 개별 포섭공작을 집요하게 벌이기 시작했다.

즉 개별적으로 몇 사람씩 불러다가 술을 사 먹인다든가, 심지어 김원봉 일파에서는 미인계까지 쓰고 나서는 형편이었다.

그 추태는 날이 갈수록 심해졌고, 그들에 대한 우리의 실망과 불신도도 날이 갈수록 높아만 갔다.[76]

50명이라는 대규모 인원이 충칭에 도착했으니 각 정파가 경쟁적으로 자기 세력으로 만들려고 혈안이 되어 있었던 모양이다. 명분은 환영회고 교양 강의지만 목적은 자기 세력 확장을 통한 주도권 쟁탈전인 데다 그 속이 빤히 들여다보였으니 그런 모습이 장준하에게 어떻게 비쳤을지 짐작하고도 남는다. 그래서 장준하는 어느 날 폭탄 발언을 하게 된다.

이 주회는 내무부 주관으로 매월 1회씩 모여왔는데, 이날은 우리가 온 뒤 첫 번째 모임이었다. (중략)

"우리는 여러 선배에게 조금이라도 힘이 되고자 해서, 아니 그 여념의 손과 발이 되고자 해서 몇 번의 사경을 넘고 수천 리를 걸어 기어이 이곳을 찾아온 것입니다. 때문에 일군에서 중국 땅에 배치된 것을 얼마나 다행으로 여겼는지 몰랐습니다. 그것은 처음부터 일군에 끌려오면서 계획한 탈출이었습니다.

그런데 우리는 요즘 이곳을 하루빨리 떠나자고 말하고 있습니다. … 가능하다면 이곳을 떠나 다시 일군에 들어가고 싶습니

---

76    앞의 책 257~259쪽.

다. 이번에 일군에 들어간다면 꼭 일군 항공대에 지원하고 싶습니다. 일군 항공대에 들어간다면 충칭 폭격을 자원, 이 임정 청사에 폭탄을 던지고 싶습니다. 왜냐구요? 선생님들은 왜놈들에게 받은 서러움을 다 잊으셨단 말씀입니까? 그 설욕의 뜻이 아직 불타고 있다면 어떻게 임정이 이렇게 네 당, 내 당 하고 겨누고 있을 수가 있는 것입니까?"[77]

오죽하면 장준하가 다시 일본군, 그중에서도 항공대에 자원해 비행기를 몰고 와 충칭 임시정부 청사를 폭격하고 싶다고 말했을까. 임시정부를 이루는 사람들이 파당을 짓고 주도권 싸움이나 벌이고 있었으니 그 모습이 얼마나 개탄스러웠을까.

이러한 분열상은 미국 정부에도 알려져 미국의 임시정부 승인에 악영향을 미쳤다. 김구는 해방 뒤 귀국 전인 9월 26일 장제스를 면담하고 미국 정부와 협의해 임정을 최소한 '비공식 혁명 과도 정권'으로 묵인해 환국하게 해줄 것을 요청했다. 그러나 그것은 실현될 수 없는 희망이었다. 미국 국무부는 이미 어떤 단체에 대해서도 정통성을 인정하지 않는다는 방침을 세워놓고 있었다. 장제스의 고위 비서 샤오 유린과 미국 극동문제사무소장 발렌타인(Joseph Ballantine)이 임정을 승인하는 문제에 대해 토의했으나, 발렌타인은 "현재(당시)로서는 승인을 보류할 수밖에 없다"고 답했

---

77  앞의 책 260~261쪽.

   김구, 만들어진 신화

다. 발렌타인은 그 이유로 임정 지도자들이 민족문제보다는 개인적인 이해관계로 파당을 형성하고 있으며, 몇몇은 공명심에만 급급하고, 또 다른 사람들은 국무부의 호의만 구하고 있다고 말하고, "야망에 찬 무책임한 이들과 상대하는 데는 몹시 주의해야 한다"고 충고했다.[78]

장준하의 눈에 비친 임시정부의 모습도 한심하기 그지없었다. 다음은 그가 처음 충칭 임시정부 청사를 찾아가 김구의 환영을 받은 뒤 사무실에서 다른 요인과 이야기를 나누다가 목격한 장면이다.

그때 식당 안 옆에 있는 종대(鐘臺)에서 종이 울렸다. 누군가 종을 치고 있었다. 이 방 저 방에서 노인들이 어슬렁어슬렁 식당으로 모여들었다. 이 임정에는 우리를 제외하고 약 50여 명의 정부 요인들이 기숙하고 있었고 대부분이 독신으로 이 청사 안에서 기거를 하고 있었다. 말하자면 임정 청사는 대부분 이들의 침실로 사용되고 있는 딱한 형편이었다.

충칭 시내에 가족을 가지고 있는 사람들은 예외지만, 지겨운 망명 생활을 흙방에 침대 하나씩을 놓고 계속하고 있는 늙은 요인들의 모습은 한심스러운 것이었다.

사실 임시정부라고 하기는 하지만 두드러진 일반 사무가 있는

---

78    심지연, 『해방정국 논쟁사 I』, 한울, 31쪽.

것도 아니고, 형식상의 정부를 지키고 있는 이들의 기거처가 바로 이 임정이었다. 그러니 유별나게 사무실의 필요성이 따로 있을 리가 없었다. (중략) 아무리 망명 정부라 할지라도 하는 일이 늘 애국의 염려와 걱정이니 기가 찬 노릇이었다. 감방 같은 방 안의 침대에 누웠다 일어났다 하는 생활의 반복이 하루이틀도 아닌 부지하세월이니 자연히 권태롭고 지겨운 일이 아닐 수 없었다.[79]

이를 보면 장준하의 눈에 비친 임시정부가 얼마나 초라했는지 알 수 있다. 또 할 일도 마땅히 없었음을 확인할 수 있다. 임시정부의 공은 26년여 기간 동안 간판을 유지했다는 것 외에 딱히 내세울 만한 게 없다.

물론 막바지에 광복군을 조직해 미군의 한반도 진공을 위한 한국인 대원의 침투 작전을 계획하고 훈련에 임하도록 한 것은 큰 공이다. 비록 그 작전을 실행에 옮기지 못한 채 해방을 맞았지만, 그런 계획을 세우고 이범석의 광복군 제2지대가 미 OSS[80]의 훈련을 받도록 한 건 아무리 높이 평가해도 모자랄 것이다. 다만 광복군 조직을 제외하고는 이렇다 할 만한 공이 없다는 말이다. 그나마 광복군도 OSS의 적 후방 교란 작전에 필요한 훈련을 받

---

79    장준하, 『돌베개:장준하의 항일대장정』, 돌베개, 253쪽.

80    OSS(Office of Strategic Services)는 미국이 제2차 세계대전 중 설립한 해외 전략기구로 정보활동과 유격 활동을 수행했다.

    김구, 만들어진 신화

던 제2지대 외에는 사실상 군대라 하기에도 부끄러운 수준이었
다. 장준하의 눈에 임시정부 요인들이 할 일 없는 노인들로 비쳤
다는 사실이야말로 임시정부의 적나라한 실상을 밝혀준다.

그런 점에서 오늘날 임시정부를 과대 포장하는 것은 냉정하게
말해 정신 승리의 역사일 뿐이다. 나아가 과대 포장한 임시정부
역사를 김구 신화의 배경으로 삼는 것 또한 후대에 '있는 그대로
의 역사'가 아니라 '만들어진 역사'를 물려주며 역사의 진실을 보
지 않고 정신 승리에 도취하도록 만드는 것이라 할 수 있다.

<h1 style="text-align:center">에필로그</h1>

## 어떤 삶

나는 왜 김구 신화에 문제의식을 갖게 되었는지 이야기해야 할 것 같아 굳이 에필로그를 쓴다. 이 책은 내 삶과 긴밀하게 엮여 있다. 그래서 못다 한 이야기를 하지 않을 수 없다. 이 책을 빌려서 내 삶을 이야기하고자 하는 의도도 있다. 하지만 이 이야기는 꼭 들려주고 싶다. 이 책을 읽는 독자에게 덤으로 어떤 삶을 들려주는 것도 의미 있지 않을까 생각한다.

내 젊은 시절 해방신학과 종속이론이 한국 사회에 유입되었다. 널리 대중화되지는 않았지만 지식인 사회 일각에서 해방신학과 종속이론은 세계에 대한 새로운 인식으로 받아들여졌다. 초보적인 지식조차 없었던 대학 초년생이었지만 삶과 세계를 두고 고뇌하는(실은 고뇌하는 듯 자신을 속이는 것이었지만) 것으로 지적 갈증을 해소하려 했던 나는 기존의 인식과 관념을 허무는 이 새로운 사조를 세계를 이해하는 단초로 여겼다. 막연하지만 미국 중심의 사고 체계에 의한 세계에 반발하는 것, 곧 기존 질서에 대항하는 것으로 우쭐하고 싶은 말초적 욕구를 충족시키려 했</p>

   김구, 만들어진 신화

던 것이다.

　라틴아메리카의 부조리한 현실에서 가톨릭 사제들이 피억압 계급의 사회·경제적 고통을 외면할 수는 없었을 것이고, 따라서 그들이 어떤 고민을 했을지는 짐작하고도 남았다. 참혹한 현실을 외면한 채 '구원'을 이야기할 때 종교가 무슨 의미를 가질 수 있을지 회의할 수밖에 없었을 것이다.

　해방신학은 내 안의 정의감을 일깨웠지만 나는 이내 회의감을 품었다. 근본적으로 인간의 영혼을 구원해야 할 종교가 현실의 정치사회 체제에 반기를 들어서 뭘 어쩌자는 것인가. 그럴 바에야 혁명을 통해 기존의 정치체제를 전복시키고 말 일 아닌가. 그때 영혼의 구원이라는 근원적 문제는 어떻게 할 것인가.

　종속이론도 마찬가지로 처음엔 솔깃하게 다가왔다. 종속이론은 짧게 말하자면 세계는 중심부와 주변부로 나뉘고, 중심부엔 다시 중심부의 중심부와 주변부가 있으며, 주변부엔 주변부의 중심부와 주변부가 있다는 이론이다. 주변부의 중심부는 중심부의 중심부 이익에 복무하고, 중심부의 주변부나 주변부의 주변부는 소외되고 착취된다는 얘기다. 이때 중심부는 당연히 미국이고, 주변부는 중남미 국가들이다.

　미국 중심의 사고, 곧 기존의 인식과 질서에 도전한다는 사실만으로도 종속이론은 가슴 설레게 다가왔다. 하지만 이내 그 이론이 너무 도식적이라는 생각을 하게 되었다. 도식적인 것이 갖는 위험은 개별적인 것을 일반화하는 오류를 범한다는 점이다.

그리고 그러한 이론이 한국 사회에 적용될 수 있는가 하는 점도 의문이었다. 당시엔 지적 토대가 부실하기 짝이 없었던 터라 막연한 생각뿐이었지만 말이다.

그런데 종속이론이 1980년대 한국 사회에 영향을 미치리라고는 생각지 못했다. 반미라는 깜짝 놀랄 만한 사조가 한국 사회에 자리 잡게 된 건 1980년 광주사태가 결정적 요인이긴 하지만, 종속이론도 일정 부분 영향을 미친 건 분명하다.

이란에서 팔레비 왕조를 무너뜨리고 호메이니의 이슬람 혁명 정부가 들어선 사건은 우리 사회와는 아무 관련이 없는 것 같지만, 사실 이른바 운동권에는 분명히 영향을 미쳤다. 한 대학 선배가 내게 했던 이야기가 지금도 기억에 선명히 남아 있다.

그는 "한 손에는 코란을, 한 손에는 칼을!"이라는 이슬람 구호가 어떤 의미를 담고 있는지 설명하며 나를 설득하려 했다(나를 운동권에 끌어들이기 위한 포섭 작전 같은 것이었다). 그는 그것을 지극한 사랑의 표현이라고 설명했다. 코란을 제시하고 이를 받아들이지 않으면 칼로 목을 친다는 게 지극한 사랑이라고 했다.

코란은 진리이고, 진리를 받아들이지 않았을 때 어떻게 그 죄를 차마 눈 뜨고 보겠느냐. 그러니 목을 칠 수밖에 없고, 그것이야말로 지극한 사랑이다. 그런 얘기였다. 나는 한편으로는 그 역설의 논리에 고개를 끄덕였지만, 이성적으로나 감성적으로는 공감할 수 없었다.

도대체 진리라는 게 무엇이길래 사람의 목을 친다는 말인가.

진리라는 것도 결국 사람을 위한 게 아닌가. 사람이 전제되지 않으면 진리라는 게 얼마나 허망한가. 그런데 수단인 진리를 위해 목적인 사람을 죽인다면 그때 진리라는 건 무슨 의미를 가진단 말인가. 나는 고개를 가로저었다. 결국 호메이니의 이슬람 혁명의 본질은 '반미'였고, 한국 사회의 운동권에 영향을 미친 것도 바로 그것이었다.

지금 생각해도 나는 별종이었다. 감성적으로는 공감하면서도 나의 이성은 늘 감성을 배신했다. 주위에서 사회를 논하고 삶을 이야기할 때 나는 늘 이단아였다. 굳이 표나게 드러내지는 않았지만 나는 항상 다른 생각을 하고 있었다. 한 예로, 당시 유행처럼 '민중'을 말할 때 나는 고개를 저었다. 도대체 민중이 뭐냐고 물었다. 짐작건대 민중이란 경제적으로 하층을 이루는 사람들이면서 구조적으로 핍박받고 있지만 깨어 있는 대중이 아닌가 생각했다. 아니, 그렇게 이해했다.

나는 거기에 동의하지 않았다. 이유가 있었다. 그들이 말하는 민중의 대표적 존재가 바로 나 자신이었기 때문이다. 이른바 기본계급 중의 기본계급, 우리 사회의 최하층 계급. 나는 바로 그 계급의 가장 대표적인 사람이었다.

내 어린 시절은 동년배들은 물론 10여 년 이상 차이가 나는 연장자들조차 이해하지 못할 정도로 형편없었다. 그만큼 처절하게 가난과 싸우지 않으면 안 되는 상황이었다. 오죽하면 열두어 살 나이에 막노동 현장을 찾아가 일 좀 시켜달라고 했을까. 그때 현장 관리자가 "너무 어려서 안 된다"고 해서 "어떤 일이든 시켜만 주면 다 할 수 있다"며 오기를 부렸으나 통할 리 없었다. 한 시간 반을 걸어 돌아오면서 나는 다른 현장에서라도 일을 찾겠다며 끝내 포기하지 않았고, 기어이 어느 채석장에서 아침부터 해 질 때까지 이른바 '노가다' 일을 했다. 나와 같은 시대에 어린 시절을 보낸 사람들 중에는 이런 경험을 한 사람이 없을 것이다.

도시 외곽 산골짜기에 땅을 파고 나뭇가지로 덮어 햇볕과 비를 가려 만든 거처를 집이라 여기며 살았던 사람이 있을까. 적어도 동년배들은 물론 10년 이상 연장자들 중에는 그런 사람을 본 적이 없다.

이런 이야기를 굳이 하는 이유가 있다. 그렇게 최악의 빈곤 속에서 살면서도 나는 세상을 비관적으로 보지 않았으며, 내 삶이 불만스럽지도 않았다. 이게 바로 내가 하고 싶은 이야기다. 나는 최극빈층이면서도 그것을 불만스럽게 여긴 적이 한 번도 없었다. 누구는 부모 잘 만나 안락하게 살고, 교육도 잘 받고, 그 덕분에 앞으로의 삶도 보장받고……. 나는 그런 생각을 해본 적이 없다.

나는 섣부른 '민중론'에 동의하지 않았고, 민중을 말하는 그들도 결국 기득권자들일 뿐이었다. 나는 경제적으로 최하층이라고 해서 그들의 값싼 동정의 대상이 되어야 할 이유를 몰랐고, 그들의 동정이라는 것도 따지고 보면 허위의식의 발로가 아닐까 생각했다.

    김구, 만들어진 신화

그런 내게 '민중'을 말하고, 민중의 삶을 안타까워하며, 민중을 역사의 주체로 이야기하는 친구들에게 나는 동의하기 어려웠다. 나는 민중을 말하는 친구들을 볼 때 '지적 유희를 즐기는 정도가 아닌가' 하는 느낌을 지울 수 없었다. 정작 기층 민중 중에서도 최하층이었던 나는 '민중이 역사의 주체'라는 주장에 결코 동의하지 않았다. 민중에 대한 친구들의 인식은 치열한 사유를 통해 획득한 게 아니라 주어진 인식에 지나지 않는 것이라고 생각했다. 그 생각은 지금도 마찬가지다. 이른바 '강남좌파'로 불리는 사람들이 그런 부류가 아닐까 생각한다. 내가 보기에 그들은 지적 사치를 누리는 사람들에 지나지 않는다.

나는 한국 사회가 대단히 위선적이라고 생각한다. 그 위선이 정신 승리의 역사를 키우는 자양분이 아닌가 한다. 김구 신화의 토대라는 말이다. 그래서 김구 신화의 가면을 벗기고자 이 책을 썼다. 거짓의 역사는 결코 진정한 힘이 될 수 없다.

## 한국 사회의 취약함

대한민국 현대사에서 백범 김구는 역사 인물이 아니다. 그는 실패를 인정하지 않기 위해 호출되는 도덕적 장식물이자 불편한 질문을 봉쇄하는 상징적 알리바이가 되었다. 김구에 대한 숭배는 존경이 아니라 실패 인정의 회피이며, 기억이 아니라 선택적 망각에 가깝다.

김구 신화의 작동 방식은 노골적이다. 분단이라는 역사의 필연을 정면으로 응시하지 못한 채 '통일을 위한 노력이 있었다'는 기만, 이것이 김구 신화의 본질이다.

이 신화가 얼마나 편리한지는 김구의 역사적 위치를 보면 분명히 알 수 있다. 그는 최고 수준의 도덕적 언어를 사용했지만, 그 언어가 시험대에 오를 제도적 권력을 행사할 위치에 이르지 못했다. 분단국가의 운영을 책임지지도 않았고, 정책 실패의 대가를 치르지도 않았다. 다시 말해 그는 언제나 옳을 수 있는 위치에 있었던 인물이다. 책임 없는 도덕성은 언제나 무적이다.

바로 이 지점에서 김구 신화는 '영웅의 서사'가 아니라 정신 승리의 기술로 기능한다. 한국 사회는 분단을 실패로 보면서 이를 만회하기 위해 김구라는 상징을 만들어냈다. 문제는 이 정신 승리의 역사가 개인숭배에 그치지 않고 사회 전반의 사고 구조를 왜곡시켜왔다는 점이다.

첫째, 정치적 선택을 평가하는 기준이 결과에서 의도로 이동했다. 남북연석회의 참가가 공산 진영의 정당성을 강화했다는 점, 대한민국 건국에 아무 기여도 하지 못한 채 오히려 방해했다는 사실이 순수한 '통일 의지'라는 말로 손쉽게 면제된다. 김구의 실패는 분석 대상이 아니라 미담으로 변환되었다.

둘째, 현실 정치의 무능이 도덕적 우월감으로 치환되는 기형적 자의식이 고착되었다. 김구 신화는 권력과 제도를 더럽고 타락한 영역으로 밀어내고, 그 대신 '옳은 말'을 한 사람이 진정한 승자라는 위계를 세운다. 이 구조 속에서는 전략, 제도 설계, 국



김구, 만들어진 신화

제정치에 대한 냉정한 분석은 언제나 도덕성 앞에서 열등한 것으로 취급된다. 현실을 다루는 능력은 비열한 것으로 폄훼되고, 결과를 만들어내는 힘은 의심의 대상이 된다.

셋째, 실패로부터 배우지 않는 역사 문화가 제도화되었다. 분단은 냉전체제가 굳혀져가던 시기에 피할 수 없는 일이었고, 그런 가운데서도 허황된 명분을 앞세워 자신의 권력욕을 채우려 했던 김구의 실패 원인에 대해서는 묻지 않게 되었다. 이 위선적 사고와 문화는 사회 전반의 의식수준을 떨어뜨린다.

아이러니하게도 김구 신화는 김구 자신에게조차 잔인하다. 인간 김구의 권위주의, 권력 추구, 정치적 오판은 모두 삭제되고 무균실 속 성상聖像 이미지만 남는다. 이는 존경이 아니라 박제이며, 이해가 아니라 무조건적 숭배다. 김구는 역사 인물이 아니라 비판 불가능한 도덕 교본으로 변질되었다.

김구 신화는 한때 기능적이었다. 국가 정당성이 취약하던 시기에 사회를 결속시키는 기능을 했다. 그러나 그 유효기간은 이미 끝났다. 그런데도 여전히 김구를 심리적 방어기제로 삼는 것은 대한민국이 아직도 역사적 선택을 책임질 준비가 안 되어 있다는 고백과 다를 바 없다.

김구를 신화에서 끌어내리는 일은 김구를 모욕하는 게 아니다. 오히려 대한민국 사회를 정상화하는 작업이다. 신화에 기대지 않고도 성공과 실패를 동시에 말할 수 있을 때 비로소 국가는 성숙한다. 김구 신화가 계속 필요하다면, 그것은 김구가 위대해서가 아니라 우리가 아직도 취약하기 때문이다.

정신 승리의 역사는 위안을 주지만, 대가도 요구한다. 그 대가는 현실 인식능력의 결여이며, 자기 성찰의 부재다. 그 대가를 계속 치를 것인가, 아니면 이제라도 신화를 내려놓음으로써 현실을 제대로 보고 통찰할 수 있는 힘을 기를 것인가. 이제 선택해야 한다.

**김구,** 만들어진 신화

**발행일**   2026년 3월 25일 초판 1쇄

**지은이**   조남현
**발행인**   고영래
**발행처**   (주)도서출판미래사

**주소**   서울시 마포구 토정로 195-1 정우빌딩 3층
**전화**   (02)773 5680
**팩스**   (02)773 5685
**이메일**   miraebooks@daum.net
**등록**   1995년 6월 17일(제2016-000084호)

Copyright © 조남현 2026, *Printed in Korea.*

ISBN  978-89-7087-170-7(03300)